中国书院
文化建设丛书
邓洪波　主编

# 教养相资
## 书院经费研究

张劲松　著

海天出版社
HAITIAN PUBLISHING HOUSE
·深圳·

**图书在版编目（CIP）数据**

教养相资：书院经费研究 / 张劲松著. — 深圳：
海天出版社，2021.3
（中国书院文化建设丛书 / 邓洪波主编）
ISBN 978-7-5507-3064-9

Ⅰ.①教… Ⅱ.①张… Ⅲ.①书院－教育经费－研究－
中国 Ⅳ.①G649.299

中国版本图书馆CIP数据核字(2020)第225648号

# 教养相资：书院经费研究
JIAOYANG XIANGZI: SHUYUAN JINGFEI YANJIU

| | |
|---|---|
| 出 品 人 | 聂雄前 |
| 项目负责人 | 孙 艳 |
| 责 任 编 辑 | 何旭升 |
| | 孙 艳 |
| 责 任 技 编 | 梁立新 |
| 责 任 校 对 | 果凤双 |
| 封 面 设 计 | 蒙丹广告 |

| | |
|---|---|
| 出 版 发 行 | 海天出版社 |
| 地　　　址 | 深圳市彩田南路海天综合大厦（518033） |
| 网　　　址 | www.htph.com.cn |
| 订 购 电 话 | 0755-83460239（邮购、团购） |
| 设 计 制 作 | 深圳市龙墨文化传播有限公司（电话：0755-83461000） |
| 印　　　刷 | 深圳市希望印务有限公司 |
| 开　　　本 | 787mm×1092mm　1/16 |
| 印　　　张 | 13.75 |
| 字　　　数 | 230千 |
| 版　　　次 | 2021年3月第1版 |
| 印　　　次 | 2021年3月第1次 |
| 定　　　价 | 58.00元 |

# 目录

# 第五章

# 书院经费问题

# 第六章
# 书院经费的特点及现代启示

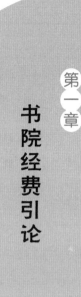

第一章

书院经费引论

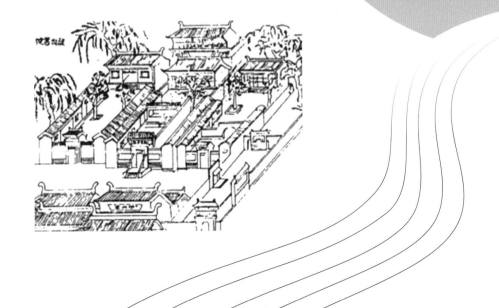

# 第一节　本书缘起

我国古代伟大现实主义文学作品《红楼梦》第一回有两个重要人物，分别是乡宦甄士隐和寄居于葫芦庙的书生贾雨村。贾雨村是个贫穷的读书人，原计划进京求取功名，却因为行囊路费没有着落，困于葫芦庙，每日以作文卖字维持生计。他后来得到甄士隐 50 两白银的资助，一举考中进士，从此发达起来。[①]贾雨村虽是小说中的人物，但其早期的穷儒形象与困顿的生活场景在作者曹雪芹生活的时代却是较为普遍的现象，设若没有甄士隐的慷慨相助，贾雨村的人生轨迹或将改写。在耕读文明的中国传统社会，"君子谋道不谋食""忧道不忧贫"，读书人是有恒心而无恒产者，无恒产则意味着生活来源无出，加之他们多以"万般皆下品，惟有读书高"自诩，普通的读书人在未步入仕途之前，多生活窘困、无以自理。但"饮食男女，人之大欲存焉"，穿衣吃食这一类充满人间烟火味的问题是圣人也必须面对的重大人生

---

① 曹雪芹, 高鹗. 红楼梦 [M]. 古木, 校点. 上海: 上海古籍出版社, 2009: 6.

问题，它不因士农工商而有丝毫差别。《孔子家语·在厄》记载了一则孔子师徒于陈蔡绝粮的故事，"孔子厄于陈蔡，从者七日不食。子贡……得米一石焉。颜回、仲由炊之于壤屋之下，有埃墨堕饭中，颜回取而食之。子贡自井望见之，不悦，以为窃食也"。①萨孟武先生在分析食欲对人类的影响时引上文并指出，"以子贡之智，颜回之贤，而当饥饿之时，子贡尚疑颜回之窃食，由此可知人类所视为最重要的，还是衣食"②，埃墨堕饭的故事生动地说明衣食的重要性。

为解决士子不直接从事生产而面临生计无着的实际困难，中国古代各类型公共教育机构长期关注与实践，形成了一个颇具中国特色的古代教育经济理论，即"教养相资"，其内容是将教、养分开对待而又强调两者间相资互济的活动。③教养相资，亦称教养兼资、教养兼司，指有教必有养，养以助教，教养一体。用通俗的话来说，就是在教育教学过程中同时供给读书人以生活费用或生活资料，从而解决他们的基本生活需要，使其无后顾之忧。所谓"有教必有养，教养兼司系先王成法"，"教不出乎养之外，养之寓乎教之内，是又圣人造育深"，"先王之教人也，必先以养"，等等。在这一理论的指导下，我国古代自汉代以来各种类型的公共教育机构，如朝廷的太学、府州县学、乡村社学以及地方家族、绅众举办的族学、义学等普遍施行不收取学习费用，同时还向学习者提供生活津贴的制度。因此，对此类教育机构尤其是不由官府而由民间力量举办的教育机构而言，不但要有高质量的教育教学活动，而且要有稳定的经费来源方能维持下去，经费成为决定这类教育组织、教育机构正常运转的决定性因素。兹举例如下：

① 孔子家语 [M]. 王国轩, 王秀梅, 译注. 北京: 中华书局, 2009: 170.
② 萨孟武.《红楼梦》与中国旧家庭 [M]. 长沙: 岳麓书社, 1998: 125.
③ 陈谷嘉, 邓洪波. 中国书院制度研究 [M]. 杭州: 浙江教育出版社, 1997: 333.

　　中唐时期，江州义门陈氏家族创办东佳书堂，选家族中聪慧的子孙入书堂学习，家族姻亲的子弟或外地游学的士子也一并延入书堂学习。书堂有书楼、堂庑等建筑数十间，藏书数千卷，伏腊皆资，供养书堂的子弟以及书堂的日常维持是笔不小的开支。为此，义门陈氏将族田 20 顷的收入专门作为东佳书堂的游学之资，保证书堂的经费充足。有了稳定的收入，这个家族书堂在五代至北宋时期发展成为鼎峙江东、远近闻名的著名教育机构。①

　　明代嘉靖二十四年（1545），江苏吴江县学创置义学田，"佃人有册，会用有册，岁除上供之数，凡士之贫而衣食未赡者，有丧未葬者，嫁娶未备者，皆给焉。他如朔望较艺之需、科贡送迎之费，凡事可以义起而士不能自给，与不能自尽其情者，悉于是乎取之，剂量转输并以成，藉申有司不得更易赢缩，虽谓士之恒产可也"，②吴江县学田的产出用于贫士衣食、丧葬、嫁娶、会课、送迎等全方位的资助，不可谓不周，因此被视为士之恒产。

　　清雍正十一年（1733），清世宗颁布上谕，规定在总督、巡抚驻扎的省会之地，由督、抚商酌筹举官办书院，并各赐帑金 1000 两，除此之外，"将来士子群聚读书，豫为筹画，资其膏火，以垂永久。其不足者，在于存公银内支用"。③在皇帝准用公帑的支持与鼓励下，清代作为直省教育中心的 23 所省会书院得以建立，如直隶省（今北京、天津、河北）保定的莲池书院、山东济南的泺源书院、河南开封的大梁书院、云南昆明的五华书院，等等。④省会书院的建立在清代书院的普及与繁荣中发挥良好的示

① 阮志高, 凌凤章, 孙家骅. 江州陈氏东佳书堂研究 [J]. 江西教育学院学报, 1989.
② 沈卫新, 吴江区档案局, 吴江区方志办. 嘉靖吴江县志 [M]. 扬州: 广陵书社, 2013: 117.
③ 素尔讷. 钦定学政全书校注 [M]. 霍有明, 郭海义, 校注. 武汉: 武汉大学出版社, 2009: 285.
④ 邓洪波. 中国书院史（修订版）[M]. 武汉: 武汉大学出版社, 2012: 509–510.

范作用。

明清时期，江西新昌县（今江西宜丰）的儒学教谕、训导有专门的田产产出供给固定的束脩，"学师月俸最薄，赖邑人公助学田，差堪自给。……学田之外，各乡皆设束脩会以赡学师。先是，凡新入学者必献束脩于两师，多寡随贫富不等。富者不能尽餍所欲，贫者或窘迫无以为礼，乃集赀立会置田产，收其息。按入学名数，每名送学师束脩钱若干缗。入学者莫不便之，学师亦乐其免催索之苦，视为分所应有，可以守拙自重。此虽不隶于学，亦与学田无异"。[①]县学教官薪俸微薄，新昌县学田及类学田的束脩会田在保障学师正常生活中发挥了重要作用，从而使学师能恪守教职，黾勉尽责。

从以上的例子可以看出，无论是家族举办的东佳书堂，还是根据朝廷典章制度举办的官学和书院，都将书田、学田、膏火、束脩等田租与银钱放在重要的位置，举办者并不忌讳讨论有关经费的征集与使用问题。"学校之设，必先于教养，教养之具，必资于金谷"，[②]经费是教育组织有效运行与发展的基础，对经费问题的高度关注，成为我国古代教育活动的重要组成部分，并由此逐渐发展为独具特色的管理运行制度。

书院是我国古代一种特殊的文化教育机构，自唐代兴起以来，历宋元明清等朝，直至清末，传统意义的书院才退出历史舞台。在1000多年的发展历史中，以各种形式存世的书院有近9000所，它们在古代社会人才培养、学术研究、社会治理等方面发挥了广泛而重要的作用。书院有广义与狭义之分，广义的书院泛指一切以书院为名的个人及公共的文化教育组织；狭义的

① 胡思敬.盐乘县志[M].台北:成文出版社有限公司,1975:549.
② 陶安.陶学士集:卷十五[M].上海:上海古籍出版社,1987:757.

书院仅指主要开展教学活动的教育机构，它是广义书院的主体，是一种介于官学与私学之间的特殊教育组织。书院在古代教育机构中具有特殊性，从举办者而言，书院呈现多元化的特征，书院有官办的，也有私立的，同时还有官办民助、民办官助、官民合办等各种形式；从层次来看，书院主要开展的是古代高等教育，肄业生徒以生员和童生为主，但也有部分书院系蒙学教育层次，因此，必须具体问题具体分析，从整体上看具有一定的复杂性；就书院规制而言，不同的历史时期、不同的区域空间，书院的规制与功能不尽相同，缺少统一性，表现出多样性；从分布来看，时空之间存在着不平衡的状态；从形态看，传播儒家学说的儒家书院是主体，同时也有由佛道等宗教力量举办用以弘经说法的书院，形态上表现出丰富性；等等。因此，我们说书院是一类极为复杂的社会组织形态，甚至给书院下个定义都极为困难，很难笼统地将其规定为官办或私立，只能在具体的历史时空中，具体个案具体分析。也正是如此，为生动、丰富的书院个案研究、区域研究提供了广阔空间。

作为教育组织的书院与我国传统社会中的官学、社学、义学等其他公共教育机构一样，[①]也面临着教与养的统一问题。作为书院存在与发展基础的经费问题，历史上一直是困扰我国书院发展的关键因素之一，书院举办者经

①公共教育机构是指由公产包括官产、民众集体资产等举办、面向大众的教育组织，如各级各类的官学及社学、义学、书院等；与之相对应的是私塾，它是由个人出资兴办、面向极少数个体的教育机构。《红楼梦》里面的贾氏家塾是公共教育机构，而贾雨村应林如海之聘教授林黛玉，他们所在的林家私塾则不是公共教育机构。近代学者胡思敬在《盐乘县志》（卷七，台北：成文出版社有限公司，1975年，第554、555、560页）中称："庙学领于官，朝廷之所设也。朝廷行政但悬一的以为之准，岂必尽人人而教之？故官学外别有公学，公学或名书院或名义学，多由民间私自擘画……义学、书院皆藉以辅官力所不及，承平时邑中校舍林立，公学之外，有一乡之学，有一族之学，有一家之学，暗合乡塾党庠古制，皆私塾也。"这里的私塾除一家之学外，多为公学，因为其产来自于众而生源亦来自于众。

常要面对的问题是："四民各有常业，而唯士不谋食，当其发奋志学，苟非素封，安所资业乎？又况千里负笈，势不能裹粮，此养士者所必留心于授餐之典也。"①"苟非素封，安所资业乎"的发问成为书院必须面对的首要而重大的命题。

事实上，我国古代书院在其发展过程中，不但注意并重视经费的作用，而且发展出较为成熟的管理制度，形成了颇具特色的书院经费运作模式。几乎所有的书院在一定意义上都是"地主"或"财主"，都拥有一定的资产，是一个参与地方经济活动并具有一定经济影响的社会组织。历史上曾发生过重要影响且长期由官府经营的天下著名书院，如庐山白鹿洞书院、长沙岳麓书院及清代在各直省设立的会城书院，无一不是拥有大量田产、地产的"地主"。如位于江苏南京的明道书院，在南宋景定年间（1260—1264）有江东帅府累计拨给的田产 4908 亩之多，这些田地分布在上元、江宁、句容、溧水、溧阳等地，租种书院田地的佃户达 86 户之多，每年可获得地租稻米 1269 石，稻谷 3662 斤，荍麦 110 余石。除此之外还有白地房廊租钱（位于常州宜兴、上元等地），每月建康府还另拨赡士支遣钱 5000 贯 17 界官会并芦柴 40 束等。由于院资雄厚，出入数额巨大，明道书院因此专设钱粮官掌经费出纳之事，"所支供俸有差，岁终有会。"②河北获鹿县鹿泉书院于清道光二十年（1840）至同治二年（1863）的 23 年之间陆续发生多起土地购置、出租、发商生息等经济活动，涉及金额制钱 2345 千文，库平洋银 600两及每年租入 540 余串不等，俨然是地方上重要的经济活动主体。③另外，我们从民国时期关于书院院产的讨论中也可见一斑。彼时书院已经从制度上

① 吴道行, 赵宁. 岳麓书院志［M］. 邓洪波, 谢丰, 校点. 长沙: 岳麓书社, 2012: 258.
② 周应合. 景定建康志: 三［M］. 南京: 南京出版社, 2009: 762–763.
③ 俞锡纲, 曹镁. 光绪获鹿县志: 卷八［M］//中国地方志集成·河北府州县志辑④. 上海: 上海书店出版社, 2006: 192a.

退出了历史舞台，但书院院产何去何从各地并不划一。有的以为书院不复存在，主张将各地捐产发回捐众；有的将院产径作为学堂的办学经费；有的将之变卖作为地方水利、交通的维修费用；有的院产被没收变价折现充公；有的院产被地方豪绅等有力之家侵吞；等等。甚至到抗日战争时期，关于这个问题仍时有聚讼。如 1941 年，中国幼儿教育之父陈鹤琴（1892—1982）在关于筹措江西保学建设经费问题时即指出，要清理公学款产，要把包括书院在内的学款学产用于保学教育，"什么是公学款产？照一般的说法，公款公产是指寺、庙、观、祠、社、馆、公所、局帮绝产及其他团体的款产；学款学产是指文会，书院，采芹，膏伙，宾兴，夫马田，学田，学租，学产，书田以及其他关于教育的款产。这些公学款产当然都是社会公有的财产，但原有的用途，大都为迷信与封建风俗事项的性质及津贴少数贫寒子弟之用，并且这类款产积聚已久，有的被操纵，有的被侵吞，有的被瓜分，名义上虽还是公有的产款，实际上却早已成了一部分私人的特种收入，要是不加一番整理利用，那实在是太可惜了。另一方面说，义教经费必须向地方筹集，如果有公款公产而不能清理，反要另外向地方派钱，增加人民的负担，这是多么不经济不合理的事情呢？"[①] 从资产与经费的意义上说，书院不仅是一个文化教育组织，发挥着教化地方、培育人才的作用，同时作为地方经济活动的主体，在固定资产的买卖、租赁、借贷等经济活动中也扮演着重要角色，甚至影响地方经济秩序。以文化教育为基础，通过经费的视角来认识书院，或会有许多新的发现，从而使历史上的书院形象更加丰满，也更加真实，这是本书写作的初衷之一。

---

① 陈鹤琴. 江西保学的回顾及展望［J］. 赣政十年，1941，熊主席治赣十周年纪念特刊：596—611.

书院教育得以进行，需要有书院教师和生徒，生徒多寒士，不养难以有恒心，"民之所以生者衣食也……民匮其生，饥寒切于身，不为非者寡矣。"① "物不备不足以集事，赏不昭不足以做人；然则劝学兴化，固宜谋及经费矣。"② "虽然，士不可以无志，既有志儒学矣，又不可以无养。……有书院，则不可无学田以辅之矣。陡，明时学田，水冲沙埋，早已无存。今所续置尚少，大约增置至十顷，凡卓然有志而极贫者，赡给有余矣。"③这些记录在地方志、文集、碑刻上的文献十分丰富，几乎到了举目皆是的地步，由此可见古人对书院经费的重视。但重视与结果并不完全等同，思想上的重视，甚至制度上的重视并不完全代表我国古代书院关于经费运作的真实情况。在复杂的现实环境中，教养相资的制度设计维持着书院的发展，但也存在大量的问题，如经费不足、管理不善等。以经费不足为例，我国古代书院经费从整体上看，实际上存在着长期紧张的情况。如乾隆四十年（1775）创立的河北蔚县文蔚书院，"惟是师生岁需三百余金，而现在租息才二百两"。书院主持人称，维持书院正常运转一年所需300两银子，但全部所入仅200两，在书院仅给予考课前列的20名生童发放膏火的前提下，每年经费缺口达100两之多。对于地方州县而言，仅20名公费的肄业生徒，无疑是象征意义而已。因此，持续经营维持还有待"慕义之士并望于后之君子"了。④文蔚书院存在的经费困境并非个案，毗邻的定州定武书院也存在经费不足的问题，"书院经费甚少，每年地租，尚不敷生童膏火之用，此后须公议捐补，以期经久"，在经费拮据的情况下，甄别取录的生童数量有限，"现因经费不

---

① 萨孟武.《红楼梦》与中国旧家庭［M］.长沙: 岳麓书社, 1998: 124.
② 张晓婧. 明清乡村书院与地方社会控制: 以徽州为中心的考察［J］. 淮北师范大学学报（哲学社会科学版）, 2012（4）: 1-5.
③ 邓洪波. 中国书院学规集成: 第一卷［M］. 上海: 中西书局, 2011: 11.
④ 邓洪波. 中国书院学规集成: 第一卷［M］. 上海: 中西书局. 2011: 52.

敷，生员先行酌取超等十名，特等十五名；童生先行酌取上卷五名，中卷十名。俟经费宽余，再行增加。膏火多寡，因时酌定，随课给发"，①为节省经费，定武书院甚至将官课奖赏充抵肄业生童的膏火，"现因经费不足，止发官课膏火"，字里行间充满了不得已而为之的遗憾。

在所入有限且持续维艰的情况下，书院对经费管理制定了相对严苛的规定，这些管理上的努力形成了诸多颇具特色的书院章程。如唐县焕文书院制定章程，称"惟每年息租七百七十吊，核计岁需师生膏火等项，仅可敷衍，其乡会试年，应收地租银钱，又有文武举生盘费等项之用，如现议章程内并未准销之项，即与书院无涉，不许饰词请销"。②再如清代湖南凤凰厅的敬修书院制定条规，详细规定书院馆师、监院、生童、首事、杂役的薪资等，如规定书院山长费用，"馆师岁俸脩金一百六十两，米十石，薪水银六十两，聘金、盘费银十两，开馆、散馆酒席银各二两，端午、中秋节仪银各二两，回籍程仪银六两"，③非常具体。敬修书院条规共 15 条，而关于经费的就有 10 条，可见其重视程度。因此，对古代书院经费问题的研究，总结其中的有益经验，分析其不足和教训，为新时期我国学校教育尤其是民办高等教育的经费筹措、管理、运行，促使其健康发展提供参考与借鉴，这也是本书写作的目的之一。

---

① 邓洪波. 中国书院学规集成：第一卷 [M]. 上海：中西书局, 2011: 51.
② 邓洪波. 中国书院学规集成：第一卷 [M]. 上海：中西书局, 2011: 50.
③ 陈谷嘉, 邓洪波. 中国书院史资料：中册 [M]. 杭州：浙江教育出版社, 1998: 1618.

## 第二节 经费对书院重要影响管窥

从我国古代书院整体发展史看,有若干因素对书院兴衰产生持续影响,如宏观上的政治因素、战乱、自然灾害,微观上的官员个人作为,等等。如政治因素,这在明代数次禁毁书院中表现得极为突出。如万历初年权相张居正(1525—1582)执政,出于变法需要及对讲学的憎恶,强力推行禁废书院的政策,前后持续时间达5年之久。从相关史料可知当时被废改卖的书院达55所,遍布今河北、山东、江西、浙江等14省,使书院元气大伤;天启年间太监魏忠贤当政,矫诏废毁天下书院,"这都城书院改作忠臣祠,久已有旨令改,如何到今尚未具复?其东林、关中、江右、徽州一切书院,俱著拆毁。暨田土房屋,估价变卖,催解助工",此令一下,仅江西一省被废书院就高达16所之多。①明代出于政治原因而禁毁书院,对书院的发展产生了很大的影响,"一方面,它从总体上完结了书院蓬勃发展的强势;而另一方面,又强化了书院的社团性质,并引生出其政治性特色"。②

从宏观上看,政治因素对书院的影响还表现为官府在处理官学与书院关系时的态度。书院的产生、发展与官府举办的官学有着密切关系,一般来说当官学得到重视时,如北宋仁宗庆历时期、明代洪武时期等,书院的发展则会被压制;反之当官学衰微,书院则会蓬勃发展,如清代康熙、雍正时期,尤其是雍正十一年(1733)诏令在各直省设立会城书院后,书院的发展进入了一个快车道,最终发展为遍布城乡的燎原之势。因之书院作为官学的有

---

① 邓洪波.中国书院史(增订版)[M].武汉:武汉大学出版社,2012:415.
② 邓洪波.中国书院史(增订版)[M].武汉:武汉大学出版社,2012:421.

效补充，补官学之不足、辅翼官学的功能几乎成为共识。

书院虽以补翼学校之不足的形象为世人所识，但自北宋仁宗于庆历四年（1044）下令在州县一级普遍建立官学以来，总体上官学所发挥的作用较为有限，并未完全实现统治阶级设立官学的初衷，反而是书院，由于办学体制相对灵活，较官学充满生气，虽也屡经曲折，却弦歌不辍。到了清中期，官学实际上成为地方象征性的教育场所，其基本功能为岁时的祭祀活动和对取得低级功名者的管理，至于教学活动多付之阙如。真正承担地方教育任务的是家塾、义学、族学、书院等，尤其是书院，因其历史上的影响和士绅的提倡，多成为一地学术和教学水平最高的文化教育中心，翻阅明清时期的地方志，此种情况俯拾皆是。如清嘉庆以降，江西广信府（今江西上饶）的信江书院为阖府七县的中心书院，其影响较府学远甚；江西南昌府（今江西南昌）的洪都书院、南昌县的东湖书院、义宁州（今江西修水）的濂山书院和梯云书院、吉安府（今江西吉安）的白鹭洲书院，等等，其建筑之宏阔、经费之充裕、教学质量之高、辐射范围之广都不是府州县学所能比肩的。因之，一些地方官员对辖区内的书院建设颇为热心，对未建有书院耿耿于怀，甚至发展为特殊的书院情结，让人感佩。以江西为例，清顺治九年至十二年（1652—1655）巡抚蔡士英（？—1674）大力兴复庐山白鹿洞、铅山鹅湖、吉安白鹭洲、南昌友教等书院，在明清鼎革全国书院暂处于沉寂时，江西书院迅速从战乱破坏中得到恢复；道光时期，江西巡抚程含章（？—1832）亦是如此，他从牌行各地建设书院、捐拨书院经费（个人捐助白银达万两之多）、制定阖省书院章程、为新修书院撰记、为捐资官民题请议叙等诸多方面推动书院建设，极大地促进了江西书院在道光年间的发展。再如晚清时期河北枣强县县令方宗诚，甫一下车即详细查明县志，"旧有大原书院一所，自明万历时已毁，至今约三百年，基地无存，经费无出，劝捐创建，民力维艰。因于每月在明伦堂及署中月课二次，亲为批改文字，捐廉奖赏膏火，并送前贤书籍，与之讲明实学"。至同治十三年（1874），方氏倡捐银 1000 余两，易京钱 3000 余串，"鸠工庀材，创建前讲堂、后讲堂两重并大门院墙，高大坚实，规模宏阔"，在方氏的首倡下，枣强士绅也积极捐输，共捐京钱38000 余串，建成敬义书院和传经义学。①在当时的历史条件下，方宗诚可谓是知所向方的贤令。从敬义书院兴建的情况也可看出，没有大笔的经费投入，书院难以建成，无怪乎当时的官员感叹："书院之设，原以佐学校所不及，而相与造士以有成也。然非从而维持之、振作之，则难以历久。"②再如清道光十七年（1837），江苏仪征人张集馨（1800—1878）任山西朔平府知府（今山西朔州），下车观风，见"士子中悖谬者甚多，包娼窝匪，无所不为；名列胶庠，行同犬彘，竟有出题面试，终日不能成一字者"。③且该郡到雍正三年（1725）才始设立学校，文风纰缪，绝无师承。"合郡并无书院，士子欲读书而无人就正"；在此情形下，张集馨捐廉 300 两为倡，并允诺每年再捐廉 30 两，函商各属州县，一体量捐，并将有赃罚闲款拨归书院，"又与郡城绅贾商酌，允为详请议叙，始得制钱数千贯，交绅士办理，不经官吏之手"，以附郭首县右玉原名玉林而题额"玉林书院"。④可以说，朔平府玉林书院得以建成主要是知府张集馨的倡捐支持与大力推动。因此，官员个人的具体作为对书院的影响不容小觑，对个体或区域书院的发展而言，官员的作用与影响有时是决定性的。宋代以降，府州县官员个人兴建、恢复书院的记载史不绝书，多为善政、美政，传之久远。

① 方宗诚. 枣强敬义书院志［M］//赵所生，薛正兴. 中国历代书院志：第十一册. 南京：江苏教育出版社，1995.
② 俞锡纲，曹铄. 光绪获鹿县志：卷八［M］//中国地方志集成·河北府州县志辑④. 上海：上海书店出版社，2006：211.
③ 张集馨. 道咸宦海见闻录［M］//清代史料笔记丛刊. 北京：中华书局，1981：31.
④ 张集馨. 道咸宦海见闻录［M］//清代史料笔记丛刊. 北京：中华书局，1981：31.

与官员支持相反的是，亦有部分书院因官员的不作为、乱作为甚至故意破坏而倾圮无存，或易作公馆等。如重庆缙云书院，"在巴县学右，建始无考，乾隆三年知县王裕疆重葺，十五年知县张兑和废之"①，不知张兑和有何深仇大恨要将缙云书院废掉。再如河北获鹿县（今石家庄鹿泉区）有鹿泉书院，创建于乾隆三十九年（1774），由官绅共营，为清代获鹿县的中心书院，但书院"租入之外，生息之公项无多，旋为后任提补官亏，是以行之未久，辄复废为故事。"②知县将书院资财用以弥补官亏的大窟窿，使书院径直变为"植物人"，可谓惨甚。据晚清浙江归安人（今浙江湖州）朱潼的《浮生记》所载，咸丰七年（1857），朱氏署任直隶获鹿知县，"腊月十八日，卸署获篆。……至二十六日，迁居书院度岁"；③据县志记载，咸丰二年、四年，鹿泉书院还先后从绅民手中购置了8亩多园地，这表明书院运行正常。但咸丰七年（1857）十二月，署县朱潼迁居书院度岁，说明书院作为公馆似为平常之事。无独有偶，清代沈复撰写的散文名篇《浮生六记》卷三"坎坷记愁"中，有于乾隆三十四年（1769）与总角之好琢堂赴重庆之任的记述。据其所记，一行之眷属至三十五年（1770）二月弃舟登陆，途长费巨，车重人多，毙马折轮，备尝辛苦。由于琢堂途中接由重庆升任陕西，再由陕西任山西按察使官报，家眷暂寓潼川达数月之久，"清风双袖，眷属不能偕行，暂借潼川书院作寓。"④据光绪《同府州续志》记载，潼川书院位于陕西潼关西门内，书院山长李元春曾编纂《潼川书院志》，称"书院以广教也，

---

① 王梦庚，寇宗. 道光重庆府志［M］//中国地方志集成·重庆府县志辑①. 成都：巴蜀书社，2016.

② 俞锡钢，曹铼. 光绪获鹿县志［M］//中国地方志集成·河北府州县志辑④. 上海：上海书店出版社，2006：211.

③ 朱潼. 浮生记［M］//中国社会科学院近代史研究所《近代史资料》编辑部. 近代史资料. 北京：中国社会科学出版社，2018：26.

④ 沈复. 浮生六记［M］. 南昌：江西人民出版社，1980：45.

既设之，自当重之"，①其建设倍加隆重，山长礼聘极为严慎，孰料该书院仍成为官员往来借住的馆舍，让人痛心，但能寄住者，非朝廷官员谁能为之？

"非千亩之数，恐不足百以敷百人之资也。"②唯物主义在世界本原问题上强调世界是物质的，物质决定意识，经济基础决定上层建筑。在这一经典认识论观照下，我们发现除了政治因素、官员个人素养以及社会动乱的破坏对书院有着重要影响外，经费也影响着书院兴衰的生命周期，是导致书院时兴时废、兴废无常的主要原因之一。此外，经费多寡还对书院日常运行与功能的发挥正常与否、办学质量的高低等都有着决定性的影响。如徽州紫阳书院为朱熹道脉渊源之地，清康熙三十二年（1693）清圣祖曾御赐"学达性天"匾；乾隆九年（1744）清高宗特赐"道脉薪传"御匾。有清一代，能得到两位皇帝御书赐匾的书院并不多见。但即便如此，乾隆十三年（1748）紫阳书院仍陷入"内无恒产，膏火缺费，兼之堂屋墙垣年久倾颓"的窘境。与经费拮据长期斗争可以看作是我国古代书院较为普遍的现象，而这一状况对书院的发展产生了重要影响。

## 一、经费决定书院的生命周期

我们观察古代书院的整体与个案时发现，整体上书院因朝代更迭、帝王承继而时起时伏；对个体书院而言，也有从新建到衰落、再从兴复（重修）到衰败，这类循环，周而复始，其周期时长时短，长短不一。有的书院，如著名的天下四大书院，自北宋至晚清，经历多个兴衰循环，衰而不亡，或存

---

① 李元春. 潼川书院志［M］//赵所生, 薛正兴. 中国历代书院志: 第十一册. 南京: 江苏教育出版社, 1995.

② 陈谷嘉, 邓洪波. 中国书院史资料: 中册［M］. 杭州: 浙江教育出版社, 1998: 1796.

故址，或有残椽，或有庄田，总能不绝如缕，一旦时机成熟，便又能起衰振败，"鹿响再振"，弦歌不辍。我们在感叹书院生命力顽强的同时，注意到经费对书院生命周期有着长期的影响。如创建于康熙三十三年（1694）的广信府信江书院，系地方士绅为时任知府张国正所建生祠，张不受，改为义学，匾额"曲江书院"。后来逐渐发展为由知府直接控制的官办区域中心书院。乾隆四十六年（1781），知府康基渊葺而扩之，拓建青云阁、凌云精舍、文汇轩等，"并广植松竹，充拓墙垣，规制一新"，改额"信江书院"。嘉庆十四年（1809）岁末，王赓言就任江西广信知府时，不到 30 年的时间，书院面貌全非，"时康前府修葺之后，历年已久，又地处高阜，漂摇日甚"，经查只有大门、讲堂等少数建筑完整，其他仅存基址，"山长系借馆民房，生徒无一人在院肄业者。又田租本不敷用，兼为吏役所蚀，膏火无措"。①以信江书院的情况看，实际上已陷入了一个非常危险的境地：田租不敷、费无所出，因之院舍修葺无着，山长难以就馆、生徒不能住院肄业，书院办学质量堪忧，颇有风雨飘摇、随时倾圮之虞。如清代直隶南宫（今河北南宫）东阳书院，顺治年间由生祠改作，始称南亭书院，乾隆十七年（1752）易名，并"勾稽得学田顷数十亩，又查出学院按院地十顷余，归入书院以作经费"；乾隆四十八、四十九两年（1783、1784），知县捐募重修，并因膏火不足又捐银 600 两，交盐、当商以二分生息，"不料乾隆末年间，此项膏火银两竟化子虚。踵其事者，每逢书院课试，自捐奖赏，然不可为常。后乃浸衰浸息，山长虚席，斋室亦渐就倾圮"。直至嘉庆二十年（1815）重修，但仍由县捐俸为月课奖赏。但知县吴某升任后十数年未延山长，书院几废，时人感叹"历观以前兴废之由，大抵因膏火无资，章程不定"。②房山（今北京房

---

① 王赓言.（清同治）信江书院志 [M]. 合肥：黄山书社，2009：11.
② 陈谷嘉，邓洪波. 中国书院史资料：中册 [M]. 杭州：浙江教育出版社，1998：1750.

山）的云峰书院因没有经费而基本废圮，"照得本邑云峰书院应有房屋无人修理，以致久圮。旧有公项存当生息，亦被前任侵亏，肄业诸生无所栖身，又无膏火，莫之或励，此其所以就废也。"①清代河北定州（今河北定州市）奎文书院，"书院经费甚少，每年地租，尚不敷生童膏火之用，此后须公议捐补，以期经久。"②南昌友教书院，"乾隆三十三年（1768），绅士呈请兴复书院，以束脩、膏火用费不赀中止。"③河北定州定武书院，"（咸丰时期）书院经费甚少，每年地租，尚不敷生童膏火之用，此后须公议捐补，以期经久"④，等等。

有的书院因地方官员有意振兴斯文，力图兴复，遂有再振气象，但经费不足，难以持久，修复亦是昙花一现，令人惋惜。如湖北大冶（今湖北大冶）金湖书院历经水患、兵燹后于光绪八年（1882）重修，所有经费为历年岁给师生膏火未给领的存银共 17 两 3 钱 5 分和知县、地方士绅等人的捐款，以及官为拨存租稞余息等现钱约计 500 串文。知县决定将现钱存典生息，再将息钱拨给寒畯作为住院的膏火费；除此之外书院还有官湖、官山各一处，每年约得租稞 18 串左右，以此作为书院考课的奖资。如果按照较为常见的月息 1 厘 5 分计算，金湖书院每年息钱不到 80 串（含存银利息），加上官山、官湖租稞，总共不到 100 串，无论是膏火银还是考课奖赏钱，金湖书院的经费均十分微薄，因之时人感叹，"书院为储才渊薮，窃谓于寒畯尤宜。邑经费向来支绌，今添设寒畯住院膏火，虽已议章给发，然为数无多，未能广及，亦不足以尽爱养。山长脩脯仅由县捐送六十金，膳资应酬

---

① 邓洪波. 中国书院学规集成：第一卷［M］. 上海：中西书局, 2011: 3.
② 邓洪波. 中国书院学规集成：第一卷［M］. 上海：中西书局, 2011: 51.
③ 邓洪波. 中国书院学规集成：第二卷［M］. 上海：中西书局, 2011: 623.
④ 王兰荫. 河北省书院志初稿［M］//赵所生, 薛正兴. 中国历代书院志：一册. 南京：江苏教育出版社, 1995: 314.

外，所余几何？瓜代之际，甚有推卸不送者，殊非礼士之道。"①山长束脩由县捐给必难以持久，仅 60 金又如何能延请名师？书院将来的命运可想而知。

## 二、经费影响书院的正常运转

"书院不可无田，无田是无书院也"②，这是书院历史的亲历者在书院经营中发出的感喟。书院自唐代兴起，至北宋时期发展出讲学、祭祀、藏书、学田等四大规制，到南宋时期又拓展成增加了研究、刻书在内的六大事业，表明书院的功能随着时代的发展不断丰富。③书院的正常运转是指书院基本功能得到正常发挥与充分实现。以书院教育为例，即书院是否延聘山长、招徕生徒，书院是否有一定的藏书供师生研究、学习使用，等等。从完整的意义而言，书院的功能是一个整体，教学、祭祀、藏书等基本事业是书院之所以为书院，以及书院补翼或替代官学的根本所在。没有这些功能，似不应称之为书院，或勉强称为书院也只是功能不齐全、存在缺憾的书院。我们经常看到历史上的书院一旦短于经费就存在功能不全、无法正常运转的情况。

清代直隶盐山香鱼书院，"顾岁入无几，仍不能延师课士。县令之右文者，间或捐俸月课，不久旋罢，书院渐至圮废"。④清光绪六年（1880），安徽潜川书院田产本属无多，后经太平军战乱，"租谷缺额，费用愈形支绌，以致课期则年仅四五次。一暴十寒，未获渐摩之益"⑤。清代直隶广宗观台

---

① 林佐，陈鳌. 光绪大冶县志续编：卷之五[M]. 台北：成文出版社有限公司，1970：82-83.

② 娄性. 白鹿洞学田记[M]//李才栋，熊庆年. 白鹿洞书院碑记集. 南昌：江西教育出版社，1995：62.

③ 邓洪波. 简论南宋书院的六大事业[M]//黎华，胡青. 中国书院论坛：第十辑. 南昌：江西人民出版社，2017：240.

④ 孙毓琇，贾恩绂. 民国盐山新志：卷五[O]. 1919年刻本.

⑤ 陈谷嘉，邓洪波. 中国书院史资料：中册[M]. 杭州：浙江教育出版社，1998：1781.

书院，"然因款项无多，束脩微薄，既难延聘经术湛深之儒，以充讲师；又不能购置经史子集书籍，故设立百余年，而县内登科者，寥寥无几，不能与他县比肩"①。直隶观津东光书院，虽有对生童中式给予花红奖赏的动议，但因经费不敷，只能画饼而已，"在院肄业生员，遇有乡试中式，及童生县府院试俱第一之人，应由书院酌助贺资，以示优异。俟筹款较充，随时酌定"。此外，书院规划在后土山建拜经阁，供奉历代名贤大儒栗主，每年开课前衣冠行礼，但经费未敷，拜经阁未成，行礼也只有暂时搁置。②

再如直隶获鹿鹿泉书院，"书院旧设经费，每年所出，甚属寥寥，除山长脩仪支送外，肄业生童不堪培养"，鹿泉书院经费不够，经营惨淡。③湖北麻城旧有万松书院，由于得到官绅的持续捐赠，书院经费一度较为丰裕，因之自明至清，人文蔚起，炳炳麟麟，金榜题名者后先接踵。但好景不长，山川灵淑钟毓如前，闾巷弦诵之声稍寂，士气不振。查其原因，在于书院疲废，而"书院之不治，由于经费之不足。……乃院中官田久为豪右黠佃侵匿，虽历经前宰率邑士厘出，而已干没者半矣"。经清查，书院尚存的若干亩田地多为硗瘠之地，田租若干，易钱 400 余千，而一年书院山长脩脯、舍宇岁修以及置买器用、给工役食用等费用超过 80%，"其余充诸生膏火者无几。由此言之，官安能以空文励士，士安能尽裹粮从游也"。④河北南宫东阳书院，"本应额设正课、附课生童若干名，按名分给膏火，以助肄业之资。兹经费不敷，膏火缺如，以待后之振兴斯道者踵事而增，其生童有情愿

① 姜檠荣. 民国广宗县志: 卷八 [O]. 1936年刻本.
② 邓洪波. 中国书院学规集成: 第一卷 [M]. 上海: 中西书局, 2011: 63.
③ 俞锡纲, 曹镂. 光绪获鹿县志 [M] // 中国地方志集成·河北府州县志辑④. 上海: 上海书店出版社, 2006.
④ 陈谷嘉, 邓洪波. 中国书院史资料: 中册 [M]. 杭州: 浙江教育出版社, 1998: 1779–1780.

自备资斧住院肄业者听。"①河北巨鹿广泽书院亦面临与东阳书院相同的经费拮据情况，不得不将书院的主要功能聚焦在考课上，"书院本应额设正课、附课生童若干名，按名分给膏火，以助肄业之资。兹因经费不敷，先议每课厚给奖赏，以示鼓励。俟生息加增，再行议定。"②定州奎文书院，"现因经费不足，止发官课膏火，而斋课亦必作文，方有裨益。如斋课不作文，官课虽取前列，所有应得奖赏膏火，俱行扣除。实有事故，先经请假者，不在此例"。③没有膏火补贴，书院生徒难以安心肄业，长此以往，书院难以正常运转，甚或有名无实、难以维持，为此劝捐膏火就成为官斯土者的重要职责之一。

由于长期笼罩在经费不足的阴影下，不但需要对所入的有限经费精心分配，以实现效益最大化，有时不得已还需对书院正常的活动进行缩减、删节，便宜行事成为书院管理中常见的操作。如福建同安县舫山书院，"马巷地瘠民贫，所有书院经费，全赖本辖妇女所织布匹，藉抽机杼之厘作为多士膏火，培植本辖子弟，是以定章越辖生童概不准考，并非吝于取与，实缘经费支绌。惟有来巷设帐教读者，不论生童，均系师传，准予一律考课，以崇师长而别假冒。"④因为地方穷困、经费不足而实现有限程度的开放，限定肄业生徒的籍贯。其实这一做法在明清时期尤其是清代的地方书院较为常见。如江西玉山怀玉书院，因经费短绌，于同治三年（1864）经首士禀请，"停馆一年，以资修葺"。⑤再如庐山白鹿洞书院，明万历年间酌定："洞生每月给银三钱。至四十三年改给月课优等。……查算租银除廪给备用等外，计存

---

① 邓洪波.中国书院学规集成：第一卷[M].上海：中西书局，2011：36.
② 邓洪波.中国书院学规集成：第一卷[M].上海：中西书局，2011：38.
③ 邓洪波.中国书院学规集成：第一卷[M].上海：中西书局，2011：52.
④ 邓洪波.中国书院学规集成：第一卷[M].上海：中西书局，2011：576.
⑤ 黄寿祺.玉山县志：卷四下[O].清同治刊本.

二百两有零。每月计两考，每岁计考二十四次，每考该银八两五钱，除供应纸张，姑以百人作数计，应用银二两六七钱之外，凡一等赏三钱，应定为十名；二等赏一钱五分，应定为二十名；三等前十名赏一钱。以银之多寡，为优等之多寡。此规立而诸生有所激劝，租银亦不至告匮，允应照新例为优给者也。"①白鹿洞书院为南康府（今江西庐山）管理的官办书院，明代得到江西巡抚、巡按、提学等各级官员的重视，但仍存在"以银之多寡，为优等之多寡"而不是"以优等之多寡，为银之多寡"，表明按经费情况确定奖赏人数，经费对生徒的考课产生了实质性的影响。另外如清代山西蒲州府（今山西永济市）首阳书院，"发商生息本银一千两，每岁议定息银一百二十两。每岁延师脩脯，约计在九十两以内；其每岁二贤祠春秋二祭，羊豕祭品，约计在二十两以内；其余银十两，应给与管事人薪水之需，以为酬劳"。②仔细分析，首阳书院经费开支仅能供山长束脩、祠祭以及管事人薪水等三项，生徒的膏火、奖赏、卷价以及书院的修缮费用、杂役人员的开支等都付之阙如，遑论购书、藏书了，经费短绌严重影响到首阳书院的正常运行，使书院的功能不能正常发挥。

## 三、经费决定书院的办学质量

"院有田则士集，而讲道者千载一时。院无田则士难久集，院随以废，如讲道何哉！"③能否请到名师主持，能否招徕寒士入院肄业，能否购买相对丰富的藏书，等等，是影响书院办学质量的关键，而其基础则是经费的

① 白鹿洞书院古志整理委员会. 白鹿洞书院古志五种: 上[M]. 北京: 中华书局, 1995: 664.
② 邓洪波. 中国书院学规集成: 第一卷[M]. 上海: 中西书局, 2011: 101.
③ 娄性. 白鹿洞学田记[M]//李才栋, 熊庆年. 白鹿洞书院碑记集. 南昌: 江西教育出版社, 1995: 63.

充裕与否。没有经费，有的书院无法延聘山长，如清代直隶东光观津书院，"院长许由生童公议，禀明本县核定。延请学隆望重之师，以资训迪。不得以干修势利不到馆者塞责。现在无力延请，俟经费稍充，再为延订。"①有的书院没有藏书，如清代山西平定州冠山书院，"士子平日应读应看书籍，所缺尚多。本州因费无可筹，且晋省亦猝无由购，兹先力措购藏各种，以为前导，尚望后来者陆续增益。"②有的书院肄业生徒寥寥，如乾隆五十四年（1789），具有会城书院性质的南昌友教书院在院生童正课仅50人，根本原因亦在于经费短绌，因此"俟添置膏火、房屋，另增额数，以广翘材"，而"书院并无书籍，何以资诸生翻阅"，同样出于经费原因，"此后经费有余，再为增置"。③再如清咸丰五年（1855），江西铅山鹅湖书院存典生息本银1500两遭兵燹化为乌有，受此惊吓，其他典商也纷纷退还书院生息本银6000两，书院绅董将银次第购置田租1200多石，但租谷所入不如存银之息，日渐支绌。在此情况下，经手局绅不得已而商之县尊，只有将每年甄别取录的副课生员由20名减为10名、正副课童生各减5名，从而每年可节省膏火费洋银110两。直至同治七年（1868），铅山知县冯兰森将一单14担的充公田租拨充书院，副课生员取录人数才恢复至20名，但童生数一直未能恢复原数。④河北获鹿鹿泉书院也因经费短缺而肄业生徒稀少，"书院旧设经费每年所出甚属寥寥，除山长修仪支送外，肄业生童不堪培养"，直至道光二十二年（1842）由监生任笔书首倡捐资后，才略有起色。⑤光绪年间，

① 邓洪波. 中国书院学规集成：第一卷［M］. 上海：中西书局，2011：63.
② 邓洪波. 中国书院学规集成：第一卷［M］. 上海：中西书局，2011：78.
③ 邓洪波. 中国书院学规集成：第一卷［M］. 上海：中西书局，2011：624–625.
④ 张廷珩. 同治铅山县志：卷九［O］. 清同治十二年刊本.
⑤ 光绪获鹿县志：卷八［M］//中国地方志集成·河北府州县志辑④. 上海：上海书店出版社，2006：192.

山西襄垣县古韩书院建筑规模宏敞，但经费无多，"不敷士子膏火，故肄业者仍复寥寥"。①

士多清贫，有时候课期稍丰盛的会餐对寒士而言也有一定的吸引力，而考课者增多，对书院招徕更多优秀生童无疑有所帮助。同治八年（1869），山西临晋署县钱官俊考课县中的桑泉书院，"而讶士之来者寡，徐而察之，盖以诱掖而奖励之者，久矣缺焉而弗讲，士无怪无以作其气，而浸浸乎终废矣"。在这种情况下，钱知县在考课时为士子提供较为丰盛的课餐，对于考课位列前等的生童给予奖赏，这些举措起到一定的效果，邑中士子"而后纷纷然来"。②山西太谷凤山书院创建于乾隆时期，虽设有经费，"然每岁所得息仅敷院长脩脯资，而士子之供膳阙如，以故诸生聚散无常，不能萃处一堂，朝夕亲炙共砥砺，夫身心性命之学而发为文章亦鲜有根柢，是两君之美举不无未竟之憾矣"。③山长、生徒、书籍，等等，无一不与经费关联，是以有充裕的经费，书院便能有序运行，教育质量便有所保证；反之，则不但不能延聘名师、取录生童、购置图书，甚或有衰废的危险。

---

① 陈谷嘉, 邓洪波. 中国书院史资料: 中册 [M]. 杭州: 浙江教育出版社, 1998: 1765.
② 陈谷嘉, 邓洪波. 中国书院史资料: 中册 [M]. 杭州: 浙江教育出版社, 1998: 1766.
③ 陈谷嘉, 邓洪波. 中国书院史资料: 中册 [M]. 杭州: 浙江教育出版社, 1998: 1764.

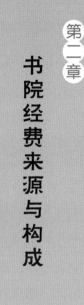

第二章

书院经费来源与构成

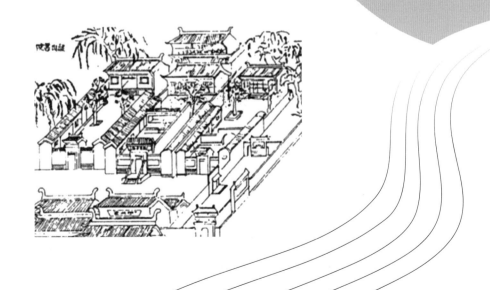

　　早在北宋时期，学田就与讲学、祭祀、藏书等一起，构成了书院的四大基本规制，并作为最主要的事业贯穿于书院发展历史始终。在传统农耕经济时代，土地是人类赖以生存、发展的最主要生产资料，由此我们不难理解，学田、院田在书院经费中的支柱作用。此外，除了学田、院田外，书院还有哪些经费来源？书院是如何获得这些有效资产的？书院经费来源及其构成的变动，使我们必须高度关注诸如捐助者群体以及变化的社会文化等因素，这类现象在书院历史上一直存在并不断表现出新的积极意义。

## 第一节　书院经费的来源

　　晚清时期两广总督张之洞（1837—1909）在广州筹建广雅书院，建设工程所需地价与工料共用银138866两，这一巨款分别由顺德县青云文社、广州城惠济仓各绅、爱育堂各董事，以及诚信堂、敬忠堂各富商乐捐而来。书院建成后常年经费所需亦巨，其主要来源为书院的创办者张之洞的积存薪俸、顺德县的沙田充公款、南海绅士候选道孔广镛等捐款，此三项发商生息而岁得息银 7150 两；以及黄江税厂羡余、红盐变价充公项下拨银等，此两项岁得息银 17150 两。[1]广雅书院的建设与运营具有一定的代表性。总体来看，书院经费来源主要有三类，一是来自官府拨充，二是来自民间捐输，三是来自书院的产业自营，而书院的产业自营前提是有来自官府拨充或来自民间捐输的资产。拨充、捐输、自营构成了我国古代书院经费的主要来源，其中又以捐输和自营最为普遍和重要。

## 一、官府拨充

"尝闻洞学聚徒之众，每至数百人，吾道之盟可谓盛也矣。然往往以裹粮为艰，不及终业，虽有明道之志，随即离师辅而反矣。故前贤思广其用，买田相之。"[2]书院兴起后，其在文化教育、社会治理等方面的作用逐渐为历代统治者所认识，统治者虽会防范书院的社会影响力对其统治构成威胁，而对书院采取禁毁的举措，如前述的明代禁毁书院，但更多的是通过政策引导、经费支持、加强管理将书院纳入官府控制的视野中来，使之真正发挥补官学之不足的作用。"其余各府州县书院，或绅士捐资倡立，或地方官拨公款经理，俱申报该管官查核。各处书院，不得久虚讲习"[3]，清乾隆时期的一道上谕，较好地描述了官拨公款以及随拨款而来的严格管控。因之，从皇帝到地方各级官员，将官帑、官银、官田、官产等拨予书院的现象在历史上较为多见。

拨予银钱。南宋淳熙八年（1181），理学的集大成者朱熹（1130—1200）离任南康知军，调任提举两浙东路常平茶盐公事，在赈粜之时，以

---

① 周汉光. 张之洞与广雅书院 [M]. 广州: 广东人民出版社, 2012: 345–346.

② 白鹿洞书院古志整理委员会. 白鹿洞书院古志五种: 上 [M]. 北京: 中华书局, 1995: 436.

③ 陈谷嘉, 邓洪波. 中国书院史资料: 中册 [M]. 杭州: 浙江教育出版社, 1998: 859.

钱30万遗留给继任南康知军钱闻诗，用于兴建白鹿洞书院的礼圣殿和两庑。①南宋景定年间官建建康明道书院，建康府每月"拨下赡士支遣钱五千贯十七界官会并芦柴四十束"；②"各省书院公费，各有恩赏银，委员经理。或置产收租，或筹备赏借，以充膏火。不敷，在存公项下拨补，每年造册报销。"③清雍正十一年（1733）上谕，在督、抚驻扎之所，省会之地兴办会城书院，各赐帑金1000两，"将来士子群聚读书，豫为筹画，资其膏火，以垂永久。其不足者，在于存公银内支用"。④雍正皇帝此举为清代各级官员动用公款支持书院建设提供了政策依据，极大地促进了书院的发展。嗣后，乾隆二年（1737），乾隆帝赐福建鳌峰书院、长沙岳麓书院等每院帑金1000两，四年（1739），又以浙江敷文书院生童众多、息银不敷，特命赐帑金1000两，交抚经理，取其息银，以资膏火。⑤

拨置产业。南宋绍熙五年（1194），朱熹为湖南安抚使，在修复岳麓书院的同时，为书院置学田50顷；明代嘉靖年间，长沙知府孙存又两次呈请为岳麓书院拨置公田1600多亩，嘉靖十七年（1538），知府又增置学田百余亩，二十年（1541）同知林华为书院再增田亩；清康熙时期，湖南巡抚丁思孔为书院"置田三亩以资膏火"。⑥南宋景定年间（1260—1264），沿江制置使等累计拨置建康明道书院田产4908亩3角30步；淳祐时期（1241—1252），建康知府"拨田百亩为祀事"。⑦元大德时期（1297—1307），滕

① 李才栋. 朱熹和白鹿洞书院［J］. 江西教育科研, 1986（2）: 54.
② 周应合. 景定建康志: 三［M］. 南京: 南京出版社, 2009: 762–763.
③ 周汉光. 张之洞与广雅书院［M］. 广州: 广东人民出版社, 2012: 345.
④ 素尔讷. 钦定学政全书校注［M］. 霍有明, 郭海义, 校注. 武汉: 武汉大学出版社, 2009: 285.
⑤ 张廷玉. 皇清文献通考［M］. 杭州: 浙江古籍出版社, 1988: 5511.
⑥ 杨慎初. 岳麓书院史略［M］. 长沙: 岳麓书社, 1986: 88.
⑦ 周应合. 景定建康志: 三［M］. 南京: 南京出版社, 2009.

州性善书院初建，知州尚敏以"礼教乡官地三顷给之"，延祐时（1314—1320），书院建立后，"又给以使相乡绝户地二顷一十五亩，如市乡一十八亩"，后还有陆续增置。①四川巫山圣泉书院，"乾隆十五年（1750）知县钱基创建，并捐置大宁场井灶，以为延师及生童膏火之费"。②广东东莞龙溪书院，"乾隆十三年（1748）知县王灏拨入徐屋洲租银二十两。又详奉藩宪拨入八社蚬塘租银五百两，充宝安、龙溪两院修金膏火。三十九年（1774）署知县宋清源增拨牛侧沙租银二十两零（其在拨数已被水冲刷者不载），嘉庆元年（1796）知县彭仕杰又增拨牛侧沙坦税新升租银三百八十九两零。增两院正课生童膏火，仿照粤秀、越华书院，定立规条，在院肄业者，方准全支。每月三课，扃门命题，酌赏罚"。③嘉庆五年（1800），广东顺德县"详拨官荒五十二亩零"归凤山书院。④陕西同州府华阴县丰登书院兵燹后重修，同治十一年（1872）知府龚衡龄筹拨叛地五顷，以岁租钱增大课一。⑤等等。

在官府拨置的书院产业中，寺产、典业、当业、讼产等经常占很大的比重。如清雍正五年（1727）湖北襄阳乳泉书院竣工后，道宪赵某将枣阳县洞山寺地 459 亩，除 159 亩留作寺僧衣食外，剩下 300 亩拨归书院充作经费；嗣后知府高茂选也将城濠涸地 351 亩及襄阳卫清查出的欺隐地 104 亩等地租，全部拨作书院膏火，其中的赋税则由知府捐补，支持力度不可谓不大。⑥乾隆三十八年（1773），江西石城县"马国明与邱国旺互控，知县赵

① 陈谷嘉, 邓洪波. 中国书院史资料: 上册 [M]. 杭州: 浙江教育出版社, 1998: 436–437.

② 光绪巫山县志 [O]. 清光绪十九年刻本.

③ 郑师许. 龙溪书院考略 [J]. 岭南学报, 1934, 4 (1): 155.

④ 戴肇辰, 史澄. 同治广州府志 [O]. 国家图书馆藏本.

⑤ 饶应祺, 马先登. 同州府续志 [O]. 清光绪七年刊本.

⑥ 陈谷嘉, 邓洪波. 中国书院史资料: 中册 [M]. 杭州: 浙江教育出版社, 1998: 1795.

谦德勘属官荒，断归书院"。①据四川《南部档案》记载，南部县鳌峰书院分别在乾隆、道光、咸丰等朝有当产归入书院；另据该档，自乾隆至光绪，共有 31 卷 261 宗民间涉讼财产被充入书院的记载。涉讼两造由于财产纠纷，或旷日持久，或案情复杂，或证据不足，等等，费时劳力，甚至得不偿失，官府便有将涉讼财产判归书院的举措，这一情形并非南部县所独有，如道光年间（1821—1850），广东四会县"因曾叶二姓互争官荒田，经署县朱甸霖审断充公拨给（书院）"②，广东感恩县"民人蒙翰明与苏松等互控土名加滩田地，勘丈五顷之多。除拨给蒙翰明之祖原报垦官荒田十六亩外，余地尽行入官，作为书院膏火及院考经费之需"③。同治《信江书院志》记载了一则将没收充公田拨予书院的案例：

> 府正堂王审看得上饶县民尤光裕、廖世报等呈控赵成昂等阻筑桥堨一案：
>
> 经本府诣堨：三十八都，土名小珠溪，有小溪一道，尤、廖二姓田在东岸上流，赵成昂田在西岸下流。赵姓之田虽从前曾被冲塌，始自乾隆二十八年，当时未经报坍，既不便隔河拨补，又未便减算粮漕。其尤、廖二姓田亩勘丈多出田一十六亩零，自难令其承管，饬县升科，归于信江书院，所收租谷以作士子膏火之资，两造俱各允服，取结附卷。④

再如江西武宁（今江西武宁）将充公田租拨予正谊书院：

① 蒋廷桂,陈兰彬.嘉庆石城县志[O].国家图书馆藏本.
② 陈志哲,吴大猷.四会县志：卷二上：建置志[O].清光绪刊本.
③ 周文海.民国感恩县志：卷五：建置[O].民国刊本.
④ 王赓言.（清同治）信江书院志[M].合肥：黄山书社,2010：28-29.

杜雷氏充公四十六都石枧土名黄杉源田十六亩二分，四十八号，原额租十二石六斗，归豫章书院解款。道光十年经绅士踏明加额，除原额仍归旧章办理外，加额租十石禀请拨入正谊书院，佃户凌昌荣，折钱十千文。①

由于讼产判归书院的决定权在于地方官员，因之"施"的成分极少，毋宁为充公。这类资产使书院的经费一时得到扩充，但因为此类资产原有主人，随着主政者的去任，人走政息，从而为围绕着拨予书院的原寺产、讼产等展开旷日持久的讼案埋下隐患。

除拨予银钱与拨置产业外，作为权力机关的各级官府，利用职权对书院既有资产通过减免、加增等手段，从而扩大书院的收入。减免主要是针对书院土地应缴纳的国家漕粮正赋等，如江西玉山怀玉书院，"照白鹿洞例，蠲免四差银十两八钱一厘，丁祭银二两二钱九分"以及田赋"米贰拾陆石捌斗柒升伍合贰勺"。②重江綦江县瀛山书院，建于乾隆五十一年（1786），位于郑高山、沙河子、翻沟子三处义田原可每年收租谷 238 石。嘉庆十年（1805），知县张九谷加租，每年增至 397 石。道光四年（1824）冬，知县宋灏断令佃户每年秋天缴租后，重新确认来年承佃权，以杜霸占拖欠之弊。道光五年（1825），退佃另招，加租 12 石，使书院田租达 409 石。③

"书院所以教士也，所谓'广厦千万间，大庇寒士'。士之闻风兴起，翘首羡慕者，负笈而来，虽裹粮以自给亦固愿矣。然大人在上，能体士子之艰

① 何庆朝. 同治武宁县志: 卷十七 [O]. 国家图书馆藏本.
② 黄寿祺, 吴华辰. 玉山县志: 卷三上: 田赋 [O]. 清同治十二年刊本.
③ 王梦庚, 寇宗. 道光重庆府志 [M] // 中国地方志集成·重庆府县志辑①. 成都: 巴蜀书社, 2007: 198.

难，顾复岂有靳哉！"①在传统社会，各级官府及官员为书院拨付银钱、拨置院产，动用官府力量减免书院赋税、加增其租入，等等，从而在民间产生了良好的示范作用，使书院资产得到有效补充。

## 二、民间捐输

如果说官府的拨充具有一定的象征意义，那么来自民间的捐输则是书院经费来源中最主要、最稳定也是最广泛的渠道，因为民众捐输的基础广泛，集腋成裘、前规后随、维持久远。②从捐输来源划分，民间捐输主要类型可以粗略分为官员个人、绅众、商人、家族等几种类型。

### （一）官员捐助

我们没有将官员个人在书院建设中的捐助行为列入官府拨充的范围，主要考虑到在捐助行为中，官员虽然具有在职国家官僚的身份，但所捐为个人财产而不是公款，是私财而不是国帑，所以其行为仍可视作民间行为，虽然这一行为由于官员的特殊身份而往往被看作是一种官方举措。③关于官员个人捐助书院的文献较为丰富：

清初顺治时期，江西巡抚蔡士英等兴复白鹿洞书院。书院原有洞田收租征银作为讲学之资，但因兵火破坏，尽为废弛。后经努力，清出书院田亩以延请洞主，振起文风，但仍复如故，为此，蔡氏"会商前任李臬司暨学道馆

① 汤椿年.钟山书院志[M].濮小南,点校.南京：南京出版社,2013：38.
② 陈谷嘉,邓洪波.中国书院制度研究[M].杭州：浙江教育出版社,1997：372.
③ 瞿同祖先生在《清代地方政府》一书中将清代地方州县视作"一人政府"，若此，在任州县官对地方公共事业的捐助，如捐廉修建学宫、书院、城垣、祠庙等，也是不折不扣的官方行为。甚至有的时候还伴随有催捐示、晓谕、晓示等官方文告，等等。

县捐资陆百贰拾贰两壹钱捌分零，复买吴苏子田陆百馀亩入洞收租"。①在蔡士英的努力下，书院得以重兴。乾隆四十二年（1777），山西太谷凤山书院经费不敷、士子星散，由知县"爰首捐廉为倡，绅士等咸踊跃乐输，共勷义举"。②道光二年（1822），山东登州黄县创建书院，知县先倡捐银300两，后陆续得到各项捐款8142两，遂于道光三年（1823）建成士乡书院。③湖北大冶金湖书院，其地原滨河近水，于道光五年（1825）倾于水，后又兵燹频仍，弦诵之场鞠为茂草。同治二年（1863）江西乐安人易振元以附贡生署县，"百废具毕，尤以振兴学校为先务，下车即剖清俸延山长，甄别开课，优其奖资"。④在易氏的倡捐下，书院虽圮，但其基本功能得以恢复。同治八年（1869），临晋桑泉书院续增膏火，知县钱官俊捐廉百金以之为倡。⑤河北深州文瑞书院，道光元年（1821）知州张杰增内外课生童额数，所有膏火奖赏等项，费用浩大，地租不给，杰复倡捐廉俸制钱六百千，并劝绅民捐输，共制钱一万千。⑥清代河北定州定武书院历年经费拮据，其经费除地租并州属两县捐项外，历任知州每岁捐廉予以支持。咸丰七年（1857）阖州士绅恳请将书院山长聘请、经费管理等移交董事管理，以求实效，得到知州王某的批准，称各州县设立书院，原应由本地绅士经理，"只因各绅士，往往引避嫌疑，互相推诿，遂举而诿诸守土之官。……至膏火不敷，查历前任，按年垫支，均在二百金内外。此后仍照旧，每年由本州捐发纹银二百

① 白鹿洞书院古志整理委员会.白鹿洞书院古志五种：下［M］.北京：中华书局，1995：1007.

② 陈谷嘉，邓洪波.中国书院史资料：中册［M］.杭州：浙江教育出版社，1998：1765.

③ 尹继美.士乡书院志［M］//赵所生，薛正兴.中国历代书院志：六册.南京：江苏教育出版社，1995：77.

④ 林佐，陈鳌.光绪大冶县志续编：卷五［O］.国家图书馆藏本.

⑤ 陈谷嘉，邓洪波.中国书院史资料：中册［M］.杭州：浙江教育出版社，1998：1766.

⑥ 陈谷嘉，邓洪波.中国书院史资料：中册［M］.杭州：浙江教育出版社，1998：1757.

两，同深、曲两县捐解银两，按四季支领，以供作养士子之用"，等等。①定州知州及两属县知县捐廉支持定武书院似成惯例。

如果我们再将目光聚焦于某一区域，同样会发现，官员捐输书院是较为普遍的现象，如光绪十七年（1891），河南南汝光道朱寿镛于信阳州倡建豫南书院，据《捐集豫南书院经费题名》载，共有44名官员捐赀，其中道台朱寿镛捐银5000两，南阳、汝宁、光州、信阳、上蔡等府州县官员各捐100、50两不等。②另据道光《重庆府志》记载，有清一代重庆府及各属县有书院数十所，其中知府、知县等府县官员捐资书院的所在多有：

府治东川书院，乾隆三年（1738）知府李厚望捐建。

巴县观文书院，道光九年（1829）分县吴占魁捐银400两。

永川县锦云书院，乾隆十七年（1752）重修，知县彭时捷捐俸80金，置田数十亩，并详准输废寺闲田、山土400余亩，岁收租300石5斗，山租钱10余千文，均用为脩脯、膏火之资。

荣昌县玉屏书院，乾隆十一年（1746）知县许元基捐建。

铜梁县巴川书院，嘉庆十五年（1810）署县蔡开来捐俸补修。

大足县棠香书院，乾隆六年（1741）建，二十四年（1759）知县赵宪高捐修，易名为"宝鼎书院"。

定远县印山书院，道光十四年（1834）知县车申田捐置社田充入。

江北厅嘉陵书院，嘉庆十一年（1806）同知张瑞溥购地，十八年（1813）同知米乔龄拟建，名金沙书院，置田岁收银210两；二十年（1815），同知张复集三里绅耆劝输，自捐银1000两，三里共输银1000两，添设脩脯、

---

① 陈谷嘉，邓洪波.中国书院史资料：中册［M］.杭州：浙江教育出版社，1998：1760.

② 朱寿镛.创建豫南书院志略［M］//赵所生，薛正兴.中国历代书院志：六册.南京：江苏教育出版社，1995：302.

膏火，榜曰嘉陵书院。①

　　通过对区域书院进行整体的微观解读，我们发现官员捐助书院有着丰富的政治与文化意义。如晚清时期江西义宁州书院群所表现出的书院与地方社会的丰富信息。

　　清代道光以降，义宁州建有十数所书院，形成了以位于州治的濂山书院、梯云书院、凤巘书院为中心，分布于各乡都的乡村书院为外围的"中心——外围"发展格局，成为极富特色的区域书院文化现象。在义宁州书院建设与发展过程中，官员乐捐的情况较为普遍。以中心书院濂山书院为例，康熙三十八年（1699），署知州边学海倡捐重修；五十二年（1713），署知州王茂源捐廉葺修；嘉庆八年（1803），知州陆模孙加意培植生员正课名额，捐廉倍赠奖赏；嘉庆二十二年（1817），知州周澍捐置朱玉昇田租折缴钱6吊文；道光时，知州陈云章捐钱600吊文，同知谭芳谷捐钱120吊文；等等。②再如义宁州客家移民建设的第一所书院奎光书院，于道光十八年（1838）由本州客籍怀远都人士以旧建课文的奎光堂改建。此举得到知州周玉衡的大力支持，"余喜先得我心，即捐廉以为倡，转瞬间得白金五千有奇"③。通过对清代义宁州修复和新建书院的梳理，可知义宁州官员倡捐的书院主要为位于州治的中心书院和次中心书院，如濂山书院、凤巘书院和梯云书院，唯一例外的是远离州治、位于客家移民聚集中心的武乡奎光书院，先后于道光二十四年（1844）和同治五年（1866）得到时任知州周玉衡和邓国恩的支持，捐廉为倡。至于各乡都所建的乡村书院则鲜有在任州官捐助的情况，这表明以知州为核心的地方官员，捐助书院的象征意义大于实

① 王梦庚, 寇宗. 道光重庆府志 [M]//中国地方志集成·重庆府县志辑①. 成都: 巴蜀书社, 2007.
② 王维新, 涂家杰. 义宁州志 [O]. 清同治十二年刊本.
③ 周玉衡. 重修奎光书院志: 卷首 [O]. 铜鼓县档案馆藏本.

际捐助数额，知州等捐助中心书院而不是乡都书院更能达至以点带面、示范引领作用。

州县官捐助书院在清代太平天国运动之后有普遍之势，究其原因，主要是清廷在镇压太平军起义后，为粉饰天下升平，以加强思想控制而恢复地方秩序，遂大力开展地方志书的编纂以及对遭战乱破坏的文庙、书院、义学等予以重修，"军兴以来书院鞠为园蔬。……方今大难初平，圣天子垂念教化，饬各州县兴复社学，劝置义塾，皆由书院而推广，则书院之设为尤重"①。但在兵祸荼毒之后，地方凋敝，官费短绌，振兴地方文教事业主要依靠地方力量的支持，这个时候地方官员的倡捐不但具有政治意义，而且具有一种榜样示范作用。因此，包括义宁州在内的州县官捐助具有广泛民众基础的中心书院，对于推动地方教育以端正士风，培养（科举）人才，从而教化乡里可以起到事半而功倍的效果。而位于各乡都的乡村书院或家塾，倡始者多为品级不高的地方精英，拟建设的书院辐射面较中心书院窄、影响范围有限，加之交通不便，地方官员无法通过官课、观风等时常莅院指导与监管，且数量众多，因之难以成为州县官员捐赏对象。不过，乡村书院建设对于地方政治、地方治理与地方文化来说仍不能称之为可有可无之事，它对于稳定乡村秩序、培养人才等亦不无小助，且为影响州官考绩的直接因素之一，因此，虽无直接的货币资金的捐赠，义宁州知州、儒学教官等仍通过为各乡都书院禀宪存案、为踊跃捐助的绅众题请议叙、为书院题额，或为书院等撰写记、序文章，捐赏芳名勒石，将书院绘图载入方志等不同方式支持书院建设。如嘉庆时期，曾祖彦之妻罗氏置田 20 亩，在高乡洲湖建三省家塾，每岁延师作育子孙，州牧周澍为之详报上宪存案；②再如位于义宁州崇乡五十三都的

---

① 饶应祺，马先登. 同州府续志 [O]. 清光绪七年刊本.
② 王维新，涂家杰. 义宁州志 [O]. 清同治十二年刊本.

方惠精舍，为叶文简后裔所建，置有学田岁得租百余石，知州窦鸿甄为精舍题额，等等。①对此，有研究即指出"捐廉倡首"是清代地方官从事社会公共事务所使用的主要手段，从整体来看，虽有儒生本色与情感趋向、经世追求与救世情怀、职责意识或取悦邀宠心理等影响，②但从政治与社会文化的角度来看，"在中国这样一个以政府为核心的国度，官员的影响力和号召力是巨大的，倘若通过他们来倡导和动员社会力量参与社会事务，尤其是动员广大士绅，非他们莫属，而且往往成效显著"③，官员的积极参与能最大限度地调动广大社会阶层和社会资本参与书院建设，对书院的经历者而言，他们对此有更深切的体会："书院之盛衰，视当事之作养，留心文教，士气必兴，况加之鼓舞哉？拨繁剧而理之，优为也。为一邑培风，为国家造士，胥是道焉。"④

### （二）绅众捐助

地方官捐赀书院的主要价值在于其象征意义，表明官府对此项事业的支持态度。真正使书院建成的是地方精英和民众，"民众捐输是书院经费中影响力最长久最重要也最可靠的一大来源"，⑤他们乐捐的银两、田产、房屋、铺面以及义工投入是书院得以建成的根本保证。绅众乐捐书院的事例广见于明清地方志，兹举数例：

清代江西玉山县端明书院于县治建有"端明书院仓"，专门用于收储书

① 王维新, 涂家杰. 义宁州志 [O]. 清同治十二年刊本.
② 肖永明. 儒学·书院·社会: 社会文化史视野中的书院 [M]. 北京: 商务印书馆, 2012: 93–99.
③ 冯明. 清代湖北义学与地方社会 [M] // 吴琦. 明清地方力量与地方社会. 北京: 中国社会科学出版社, 2009: 102.
④ 邓洪波. 中国书院学规集成: 第二卷 [M]. 上海: 中西书局, 2011: 1124.
⑤ 陈谷嘉, 邓洪波. 中国书院制度研究 [M]. 杭州: 浙江教育出版社, 1997: 372.

院田地所入，从此仓收储可知书院院产主要为当地士民的捐助，"端明书院仓，附义仓内。原额众义捐田贰百捌拾壹亩捌分伍厘肆毫，荒田贰拾叁亩肆分伍厘，地叁拾贰亩柒分贰厘，山肆亩陆分伍厘，塘壹拾壹亩伍分捌厘。同治丁卯新建书院落成，众义续捐田……共岁收租谷柒百贰拾石陆斗玖升，现归局管理"。①

清乾隆时期，江西广信府上饶县（今江西上饶）监生余人珑乐捐信江书院：

> 缘生祖增贡生涥、生父职授州同作霖于先祖宋理学余正叔讲学旧址云岩山筑室置田，以课子弟，仅守先训，世以读书为业。今蒙宪台雅化，振士习，扩建信江书院，择明师，给饩廪，群沐浴于道德经术之内，型方训俗，事莫有大于此者。生虽乡居，而向风慕义，实切素心，愿将三十四都民田一起，坐落四堡土名黄石丘等处，共计二十六亩有零，又灌溉塘土名上塘六分有零，佃人张延光等耕，每年实交额租谷三十一石有零，输入书院，稍资膏火，开明土名、号亩额收单，后窃此田聚于一处，每年额租即佃户亦并不少颗粒。生以向善之心，伏恩宪台俯顺下情，鉴生诚恼，拨入书院，以垂永久，不胜感激。上呈。
>
> 乾隆四十六年五月　日具②

也有因为累年聚讼而情愿将讼产捐与书院的，如刘宏业将田产捐给新淦（今江西新干）凝秀书院：

---

① 黄寿祺, 吴华辰. 玉山县志: 卷三上 [O]. 清同治十二年刊本.
② 王赓言. (清同治) 信江书院志 [M]. 合肥: 黄山书社, 2010: 33.

具禀人刘宏业为刁健拖累，乞恩赏拨义学以充公用事。缘李凤仔阻水绝荫，经捕主冯、前署主钱勘断有案。复经宪舆亲勘对册，查正申报府主，奉批取遵。讵伊不知悔艾，控府控司，刁健无休。先月蒙宪覆讯，理屈词穷，伊又两控司府，苦蚁三载结讼，失业废时，何堪再经刁健剥肤。为此哀吁宪阶，情愿将沿湖承荫田叁亩肆分有零，捐入义学。除得买刘士洪早田伍分之印契一张现缴在案外，又印契三张，一并缴呈。伏乞宪天怜情赏准，以免拖累。上禀。

　　乾隆二十五年七月　日禀。


　　书院山长朱一深对刘宏业捐讼产与书院之举大为赞赏，称"捐田以充膏火，义举也。……如是之好善焉，衰多益寡，继长增高，其裨于书院更大，即以是为慕义之劝也"①。

　　再如清代义宁州书院群，无一不是绅众捐输的结果。如位于武乡的聚奎书院，"建院之初，查君髻峰实倡之，经始于咸丰十年（1860），越明年落成，当是时，五都人士咸踊跃欢欣，解私囊以助公费，土木工钱叁千九百串有奇"，从聚奎书院乐输原捐神主统计看，仅咸丰十年（1860）的捐户就有查淡轩裔等74户之多；②位于安乡长茅的培元书院，倡建于同治元年（1862）秋，"各都士夫捐租输镪，先后置义田举宾兴，既奖给裕如"，③通过对《培元书院志》所载捐名三代统计，共有捐户605户之多；梯云书院系客籍怀远都人公建，其背景为雍正三年（1725）入籍以来，客籍生童业儒者日多，而州治濂山书院却向不与考，举人钟遇辰等倡举后得到怀远人的

①　朱一深. 新淦凝秀书院志卷下 [M]//赵所生，薛正兴. 中国历代书院志：二册. 南京：江苏教育出版社，1995: 342–343.
②　书院公局. 聚奎书院志 [O]. 修水县图书馆藏本.
③　龚际盛. 培元书院志：卷一 [O]. 修水县图书馆藏本.

积极响应，梯云书院倡建之初，即由署州蒋出示劝捐，称"劝输集众腋以成裘，聚群材而作厦，知必有乐善之士解囊踵其美以襄盛举者"，①捐输情况不负众望，至道光二十五年（1845）题请议叙时，书院捐数"二万有奇，各士民尚称踊跃。内有公捐田租及捐钱数十千及一百数十千，例应由州给予匾额花红奖励外"，捐银320两的童生有3人，捐银220两的童生有31人、民人70人，耆民5人（以上按清制可授八品、九品顶戴）；除此之外，还有首事童生邱赞育等4人捐银220两，倡捐总理、出务首事监生林汁青、童生陈伟琳各捐银320两，等等，②梯云书院首次捐赀符合议叙者即超百人，至光绪十二年（1886）书院重建，有邱、林、李、曾、朱、罗等123个姓氏共1820人捐钱20208吊，由此可推知怀远都人对兴建梯云书院的热情之高、基础之广。③清代义宁州捐赀书院规模最广者当属凤巘书院，阖州八乡土著居民以户为单位，按粮捐输，"同治四年，邓芝轩司牧思欲大辟讲地，教育英才，爰建议于州治北凤凰山下、秀水门内复构一大书院，而命州乡绅经营其事，计八乡按粮捐费壹万有奇，又捐主费贰万有奇"。④凤巘书院的建设及运营经费来源于全州土著居民，所谓"分乡派捐，挨户写捐，按姓出捐……拟照咸丰七年助勇捐章，按每民米壹石劝捐书院费钱捌百文，凡在土著，现得与课濂山之户，无论升斗勺合，一体照议，分别随本年征期交兑，不得少有遗漏"。⑤

与江西义宁州相似，清道光时期重庆巴县有书院5所，这5所书院无一

① 书院公局. 蒋启扬. 义宁州怀远创建梯云书院劝捐序[O]//同治梯云书院志: 卷一. 修水县图书馆藏本.
② 书院公局. 州宪申详文[O]//同治梯云书院志: 首卷. 修水县图书馆藏本.
③ 书院公局. 光绪梯云书院志[O]. 修水县图书馆藏本.
④ 李汉章. 凤巘书院记[O]//王维新, 涂家杰. 义宁州志. 清同治十二年刊本.
⑤ 朱点易. 凤巘书院志[M]//赵所生, 薛正兴. 中国历代书院志: 二册. 南京: 江苏教育出版社, 1995: 712.

不是以绅民捐助经费为主而建设成的：①

字水书院，在通远门内莲花池，旧名涵园。嘉庆二十一年（1816），周钟等将房屋一院捐作书院，续捐施膏火田租谷共一百七十四石，各处房租银共三百零五两。

观文书院，在县直里五甲白市驿。道光九年（1829）分县吴占魁先捐银四百两，率诸绅士募捐银五百余两修建，膏火田谷一百石，生息银一百一十五两二钱。

瀛山书院，在县忠里七甲鹿角场。道光六年（1826），彭儒魁捐施田房三分，地基一分修建，并捐铺房，每年佃租银作为膏火，租谷七十六石作为延师脩金费用。

三益书院，在县节里二甲沙镇场。乾隆四十一年（1776），邑人张超凡等建，置田岁收谷四十石，赵继美有记。道光元年（1821）陈元儒等又捐银五百两作为膏火奖赏、延师束脩。每年租谷五十石。

归儒书院，在县仁里十甲。嘉庆十九年（1814）陈立勋、杜朝聘、张敬孟等赎寺田为书院，每年束脩四十石，无膏火。

同治二年（1863），江西吉安知府曾省三重修遭兵乱毁坏的白鹭州书院，清查书院院产后，每年可得租谷、店租、息钱等不过四百余串，仅考课一项都不够支用，经与地方士绅商量，量为捐输。至同治三年（1864），"庐陵刘明德、堂职员王学植各捐钱贰千缗，职员李之敏捐钱壹千伍百缗，生员王大鳌捐钱贰千缗，泰和监生萧星垣捐钱贰千缗，职员孙子恭捐钱壹千贰百缗，安福职员刘嗣恢捐钱贰千缗，龙泉生员黄树德、张葆元、黄云章各捐钱壹千贰百缗。又庐陵黄莘农中丞归还泰和职员孙明银壹千两，泰和生员孙焕

① 王梦庚, 寇宗. 道光重庆府志 [M] // 中国地方志集成·重庆府县志辑①. 成都: 巴蜀书社, 2016: 198.

衡捐钱贰千缗"，前后十多人共捐入书院钱 16600 余串。这些捐存款项一部分发商生息，一部分购买坊市店铺，置业收租。"山长之束脩，生童之膏火，胥徒之卷资既廪，咸取给焉。"有了充足的经费，书院便走入正轨，"于是洋洋乎，浩浩乎，弦歌之声复作于锋燧之后矣"。[①]

地方书院建设中，乐捐书院的绅众组成人员身份不一，既有拥有一定功名的地方绅士，也有普通的庶民百姓；以男性为主，也有女性捐助书院；既有士人，也有农、工、商等从事各业人等，其中商人社会地位虽然不高，但由于经商致富，家资巨富者往往慷慨乐捐书院，成为绅众捐输中一道亮丽的风景线。如徽州府紫阳书院，清雍正三年（1725）商人程建修，乾隆十三年（1748）徐士修修，徐士修克承父志，"不惜重资，独力捐修紫阳书院墙垣，建造石坊、岭亭、道路，又新添学舍、厅堂、小亭、厨房等项，共用工料银三千一百七十二两九钱八分一厘一毫，更捐出银一万二千两，解交府库，发典生息，以资膏火，通共捐银一万五千一百七十二两九钱八分一厘一毫"，确是乐善好施、有功于文教的大善士。[②]紫阳书院于乾隆五十四年（1789）歙商项琥再修，而歙县古紫阳书院由歙县盐商鲍志道、程光国等倡议，由徽属"淮南总商洪箴远、张广德、郑旅吉、罗荣泰、鲍有恒、吴是聚、江日初、张大安、孙世昌、余晟瑞、吴开大、巴恒大、王履泰等先后请于运司转详盐院，动支营运项下款银建造"。再如清代休宁商人汪国柱为嘉庆时新迁海阳书院"捐千金以助膏火"[③]。等等。

除绅众乐捐外，书院捐输中也存在着摊捐甚至逼捐、勒捐等现象。传

① 刘绎. 白鹭洲书院志：卷七 [M] // 赵所生，薛正兴. 中国历代书院志：二册. 南京：江苏教育出版社，1995：684.

② 陈谷嘉，邓洪波. 中国书院史资料：中册 [M]. 杭州：浙江教育出版社，1998：1768.

③ 张晓婧. 明清乡村书院与地方社会控制：以徽州为中心的考察 [J]. 淮北师范大学学报（哲学社会科学版），2012（4）：1-5.

统农耕社会，虽以耕读传家为基本的价值取向，但落后的农业生产与繁重的赋役使丰衣足食对普通民众而言多为奢望，自春迄冬，朝夕劳作，仅为温饱而已。在此情况下，踊跃捐输者或有，但其主体或不是农民，而以地方有财力之家为主。明清时期，士绅的政治地位得以提高，在经营地方事务、为地方争取相关利益过程中获得了一定的社会地位。书院建设中，倡首者以地方精英的士绅为主。为推动这一有功于名教的公共事务，士绅们在争取官府的支持外，还采取各种有效的社会动员办法，争取广大的民众出资支持书院，比如按人、按粮摊捐等。如清同治六年（1867）前后，广信府上饶县举人杨敬资等以信江书院毁于兵燹，旧宇焚毁无存，而假馆延师，"第百工以居肆而是成，君子必入学而致道。若使受业无所，何以相与观摩"，遂上禀知府，仿照团练之法，按粮交捐以资兴复书院，"拟请在于本年七邑应完地丁、随兵等款项下，每完银一两捐输十足制钱四百文，毋论户粮多寡，一律照数核扣"。①同治四年（1865），江西义宁州土著士绅为抗衡客籍势力，以使土著族群在教育资源争夺中占有优势，遂在州城内兴建凤巘书院。凤巘书院建设经费采取全体土籍居民一体按粮捐助的方式，即由土籍粮户集体摊捐的方式筹措书院建设和运行经费，"妥议拟照咸丰七年助勇捐章，按每民米壹石劝捐书院费钱捌百文，凡在土著现得与课濂山之户无论升斗勺合，一体照议分别随本年征期交兑，不得少有遗漏"。义宁州土著士绅按每漕粮正赋 1 石加捐 800 文以兴建凤巘书院的做法得到知州的肯定，知州为之出谕晓示，"本州因公晋省，面禀上宪，允行合行出示晓谕，为此示仰合州土著人等知悉：……自应按照所禀议定章程，踊跃赴捐，并责成八乡催差户长，俟本州示期开征，随漕每完民米壹石交兑捐钱捌百文，无论升斗勺合，均照议章扣算制钱若干，随漕缴署，由署发

---

① 王赓言. （清同治）信江书院志［M］. 合肥：黄山书社，2010：35-36.

局，以便迅速建造"。在官府的强力推动下，凤巘书院捐局在全乡土著中共募得数万串捐款。<sup>①</sup>再如光绪二十八年（1902），河南省会开封兴建明道书院，其建设经费由抚院筹捐办理，但书院日常经费，如肄业生童膏火、山长脩膳、监院斋长薪水等每年约计 1600 余两没有着落。后经官议，除将大梁书院节省饭钱部分拨予外，另拟照大梁书院的做法由全省摊捐，"除最苦之桐柏等十六县免其摊派外，应请饬令许州等上缺二十六处每年每处捐银十八两，汝州等中缺五十七处，每年每处捐银十二两，中牟等下缺八处每年每处捐银六两。以上九十一属州县每年统共捐银一千二百两，核之学院，原定之数有盈无绌"。<sup>②</sup>

从以上数例中，我们可以得到这样一个结论：书院建设中普遍存在着民众捐输的情况，来自绅众捐助的经费与产业构成了书院经费的主体。绅众捐助书院不但涉及经费问题，同时也是观察不同历史时期社会文化及其变迁的重要路径，值得深入研究。

### （三）民间团体的捐助

历史上，民间团体的捐助也是书院经费的来源之一。<sup>③</sup>如清光绪年间，安徽南陵县春谷书院因动荡，田产无存，后阖邑同修，其中李麟厚堂输款 400 金，寒儒徐尹，"自其少孤，受养于叔父凌云公，竟能承其治命，将清

---

① 朱点易. 凤巘书院志 [M] //赵所生, 薛正兴. 中国历代书院志: 二册. 南京: 江苏教育出版社, 1995: 712.

② 吕永辉. 明道书院志 [M] //赵所生, 薛正兴. 中国历代书院志: 六册. 南京: 江苏教育出版社, 1995: 345.

③ 本书所称的民间团体包括家族，但家族的族田用于书院经费，不在民间团体的捐助之列。家族有族田、宗祠等公共财产，家族书院的经费主要由家族的公共财产如族田的产出来保障，但不属于捐助的范畴。

出祖遗族田置为祭产，而以三十一亩献于书院邑士，为膏火赀"。①春谷书院获得了来自家族（李麟厚堂）和民众个人捐助的资产。再如晚清时期的义宁州，由于土籍与移民之间尖锐的经济、社会矛盾，客籍怀远四都各图纷纷建立了用于维护公共利益的季、会组织，其中四都一图一、三、五、七、九甲这5甲众人于雍正年间成立"宁远兴文季"（又名"五递会"），四都一图郑文兴、郑文龙等人祖辈于乾隆年间捐赀成立"长远兴文季"，四都一图二、四、六、八、十甲这5甲成立"怀能兴文季"，四都二图十甲于雍正九年（1731）建立"文昌都图季"[乾隆二十八年（1763）更名为"宁怀兴文季"]，这些文季除协调处理季众纳粮、饮福酬神等公共事务外，兼有对季内士子的宾兴奖助功能。梯云书院在兴建之初，即获得了宁远兴文季、长远兴文季、怀能兴文季和宁怀兴文季等季会的捐赀，其中道光二十四年（1844）"宁远兴文季众愿以承先书院向管葛家源、汤家湾、杨岭下等处田租共计壹百三十五石及省城文星试馆，宁怀兴文季众愿以安乡田租捌拾贰石贰斗，长远兴文季众愿以田租贰拾石一体捐入书院"，②道光二十六年（1846）怀能兴文季捐入田租10石，宁远兴文季等4所文季捐入梯云书院的田亩出产总数达250石，占各乡捐入书院田租总数280石零2斗的90%，是梯云书院创建之初自有田产的主体。③另据《云记宾兴志》记载，义宁州客籍绅众分别以居住地近奎光书院而立"光记宾兴会"，近梯云书院而成立"云记宾兴会"及梯云宾兴会等，这些宾兴会虽不完全用于对书院生徒的捐助，但书院也属于捐助对象之一。④再如义宁州凤巘书院除按粮摊捐外，尚有来自土著

① 陈谷嘉，邓洪波. 中国书院史资料: 中册 [M]. 杭州: 浙江教育出版社, 1998: 1780.
② 蒋启敫. 义宁州怀远创建梯云书院劝捐序 [O] //同治梯云书院志. 修水县图书馆藏本.
③ 书院公局. 书院公竣禀请申详 [O] //同治梯云书院志. 修水县图书馆藏本.
④ 宾兴公局. 云记宾兴志: 卷一 [O]. 修水县图书馆藏本.

"帅氏义学文蔚堂""万氏成孝书院"等宗族义学、书院的捐资。①这表明晚清时期书院捐资的社会动员已从个人扩展到有一定实力的公共机构了。

## 三、院产的产出

书院通过官府拨充、民间捐输获得一定的经费后，除部分用于书院的建设外，剩余部分多用于购买产业，最主要的是土地。除固定资产的产出，清代书院将货币资金用于发商、发当生息，也是一种较为普遍的现象。

### （一）田租

拨充、捐赠或购买土地，并将土地租与他人耕种以获得租佃收入，这是书院院产产出的主要途径，也是书院日常运营中最主要的经费来源。如江西武宁正谊书院，于道光九年（1829）用官绅所捐以备育婴之费 2520 贯买田置产，"买李苍璧田二十五号，计三十六亩八分，庄屋一所，计十三间，山二嶂，并基地、水塘等，坐落二十八都土名长乐塅，额租钱九十八千文，佃户杨碧亨（折实租钱八十二千文）。买汪孔霞田六十二号，计三十七亩六分，秋地四亩一分，庄屋一所，山四所，水塘四所，大塘半口，并园围基地等，坐落三十五都洞口，土名崖垅，每年额租钱六十千文，佃户余俊吾，……"所买田额租共一百九十七千二百文概归书院。②这些地租收入成为正谊书院日常运行中主要的经费来源。关于田租我们还将在书院经费构成中做有关介绍，此处不详述。

---

① 朱点易. 凤巘书院志 [M] // 赵所生, 薛正兴. 中国历代书院志: 二册. 南京: 江苏教育出版社, 1995.

② 何庆朝. 同治武宁县志: 卷十七 [O]. 国家图书馆藏本.

## （二）生息

明清时期，将货币资金发交盐商、当商等商业主体，按照议定的息率收取利息，是书院经费来源的重要补充。关于书院发商生息以获取经费，我们将在经费构成中详细介绍。

## （三）店租

由于生息存在一定的风险，如战乱对商业的破坏、经营不善而破产等，极有可能造成书院不但收不到利息，甚至连本金都有可能化为乌有。为此，一些书院在购置田产后，将剩余资金用于添置较为稳定的店铺，将店铺出租，收取房租作为经费。如河北蔚县文蔚书院于乾隆时期初创时议定书院经费不发商生息，"（书院）当创建之初，预为久远之计，是以不交商生息，而建买市房，按四季收取房租，以供师生脩脯膏火之用"。①嘉庆二十四年（1819），海南琼山书院"契买琼山县署前仁和坊民房一所……用价银五百一十圆。每年收租三十千文"。②江西金溪仰山书院同治八年（1869）冬新买浒湾店屋 1 栋，"座落李家巷，坐东朝西，接连两进"，同治九年（1870）冬新买城内店屋 2 栋，"一栋坐落街中叶家巷，上首坐南朝北，接连三进，现开张三和布店；一栋坐落街中叶家巷，上首坐南朝北，接连四进，现开张复新银号"。③

---

① 邓洪波. 中国书院学规集成：第一卷 [M]. 上海：中西书局，2011：54.
② 李文烜，郑文彩. 咸丰琼山县志 [M]. 海口：海南出版社，2004：220.
③ 程芳，郑浴. 同治金溪县志 [O]. 国家图书馆藏本.

# 第二节　捐助分析：以清代义宁州为例

如前所述，来自民间的捐输是书院经费的主要来源，但民间何以对捐输书院保持长盛不衰的热情？其动力何在？

## 一、议叙政策的刺激

明清时期为解决财政问题，政府向社会出售官僚的出身资格、任官资格和铨选资格以及升职晋级资格的制度，称之为捐纳制度。这一制度延续了450多年，直至20世纪初才得以终止。[①]与主要面向官员出身、任官、铨选与晋升不同的是，清代同时实施面向普通大众的议叙制度。如果说捐纳者所获得的是真实的官场通行证，议叙对象则主要获得朝廷给予的象征性荣誉，以官途而言，有实与虚的不同；此外，捐纳者缴银上交给工部、兵部等衙门，议叙对象则主要有功于地方事务。但毋庸置疑的是，与捐纳具有广泛的"庶民性"一样，议叙制度在清代州县有着广泛的社会基础。

清廷在官方文告中将"议叙"对象定义为"好善乐施"者："原定各省地方遇有收成歉薄及修城筑堤义学社仓等项公事，绅衿士民有盖藏丰裕乐于捐输者，按其捐数多寡，大者题请议叙，小者量加旌奖。"为免冒滥与假公济私，朝廷对"议叙"程序、原则等有严格规定，"至应行议叙之员，该督抚务须核实具题，并饬令地方官，出具并无胥吏侵渔浮冒印结，一并咨部，仍将捐助动用数目逐一造册具题。系赈济则报户部，系工程则报工部。核实

---

① 伍跃. 中国的捐纳制度与社会 [M]. 南京: 江苏人民出版社, 2013: 1.

确查，如果相符，会同吏部分别议叙。倘有抑勒捐助及以少报多者，或经人首告，或科道纠参，除本人不准议叙外，将题请之人督抚，申明之地方官，一并交部议处"。①

对乐善好施者予以议叙有严格标准，乾隆二十年（1755）议准，"士民捐输社仓稻粟，捐至十石以上，捐资修城银十两以上，给以花红。谷三十石以上，银三十两以上，奖以匾额。谷五十石、银五十两以上申报上司，递加奖励。捐谷三四百石，银三四百两据实奏请给以八品顶戴。如本有顶戴人员，于奏请时声明，听部另行议叙。其有捐资不及十两者，与出资较多之人，无论捐资多寡，将其姓名银数统行勒石，以垂永久。捐至一二千两及三四千两者题请从优议叙。其议叙顶戴人员令该督抚查明年貌籍贯三代履历造具清册，送部填写执照，封发该督抚转给该员收执。遇有开捐事例，准其照捐职人员之例，一体报捐"。②

乾隆二十六年（1761），清廷将议叙旌表对象扩大到现任地方官员，"现任地方官捐资修城五十两者记功一次，一百两者记功二次，一百五十两者记功三次，俱听该督抚自行查办，二百两以上者记录一次，三百两以上者记录二次"。③议叙与官员的考绩及晋升直接联系起来，这也可以用来解释地方州县官员乐捐书院之举。

道光二十三年（1843），朝廷又将乐善好施从捐输社仓稻粟扩大到地方其他公共事务："绅士商民人等有乐善好施、急公报效捐修文庙书院义学考棚义仓桥梁道路及捐输谷石银两以备公用者，该督抚查明所捐谷石，每石以银一两计算，核其实捐银数在数十两以上，由地方官奖以花红匾额，一百两

---

① 昆冈. 光绪钦定大清会典事例: 799册 [M]. 上海: 上海古籍出版社, 2002: 313–314.
② 昆冈. 光绪钦定大清会典事例: 799册 [M]. 上海: 上海古籍出版社, 2002: 313–314.
③ 昆冈. 光绪钦定大清会典事例: 799册 [M]. 上海: 上海古籍出版社, 2002: 314.

以上该省督抚奖以匾额，俱有该督抚自行核办。其捐数较多者，逐一造具清册，核实具题，系捐赈及报效各款则报户部，工程则报工部。核实确查，如果相符，吏部分别议叙。士民二百两以上者给予九品顶戴，三四百两以上者给予八品顶戴，一千两以上，给予盐知事职衔，二千两以上给予县丞衔，三千两以上给予州判职衔，四千两以上给予按经历职衔，五千两以上给予布经历职衔，六千两以上给予通判职衔，八千两以上给予盐提举职衔，一万两以上，给予同知职衔，一万五千两以上给予运同职衔，三万两以上给予道员职衔。"①自乾隆至道光，议叙门槛与范围不断降低与扩大，举凡捐赀于地方大小公共事务者，只要银两达到所谓"大者"的门槛即可题请议叙：其捐银起点由乾隆时的 300 两（谷 300 石）降为 200 两，达此数额者即由朝廷赠予九品顶戴——象征性的最低层级的官衔。以此类推，最高 3 万两可授予正四品的道员职衔。而低于 200 两者则由各级地方官员酌情给予花红、匾额等奖励。议叙范围的扩大表明随着时代的发展，地方公共事务日益增长而清廷对不断涌现的事务无法一一顾及。在州县一级政区，作为朝廷在地方上代表的知州、知县，其实质仍是"一人政府"，其主要职责与考绩对象为按时完成中央下达的赋税任务并保证地方安宁等，至于修建桥梁、道路、书院、义学等对大多数地方官员而言并不是最重要的。②因之，在经费匮乏的情况下，地方公务事务需要借助地方精英的力量来加以处理，从而保证对州县官而言核心任务的完成。同时，需要注意的是，清代嘉庆以来不断爆发的内外

① 昆冈. 光绪钦定大清会典事例: 799册 [M]. 上海: 上海古籍出版社, 2002: 315.
② 黄六鸿《福惠全书》称"宣讲圣谕、兴建义学、修葺孔庙等也被经常视为卓异"，但显然不如完成规定的赋税重要。冯明在《清代湖北义学与地方社会》中亦指对于"一人政府"的州县官而言其核心任务是征收赋役和维持社会稳定, 诸如义学、义仓、育婴堂等地方社会公共事务不是首要任务, 在地方财政紧张的情况下不会投入过多精力。(吴琦主编《明清地方力量与地方社会》, 北京: 中国社会科学出版社, 2009年, 第109页。)

战乱，尤其是咸同时期的太平天国起义，其时间之长、影响之广，对清廷的统治产生了严重的打击。孔飞力通过对团练的研究指出，平叛过程中导致帝国权力的结构性崩溃，而地方名流的社会地位与合法权利得到提升，"'绅董'在地方上的至高无上的地位是地方秩序的基础"，①如在 1880 年代的湖北武昌，官府力图恢复传统的保甲制时，想以此把一切正式权力明确地交给绅士掌握，从此个案中可以获知地方精英及团练组织在该地区的决定性的地方权力。再如晚清时期立宪背景下的"自治"运动，"它将在官治的范围之内存在，只是去完成官治不能完成的任务。朝廷的意图自然是要明确正规的官僚界和地方利益集团之间的力量对比，即让前者控制一切实质性的职能，而只把余下的公务保留给后者"，所谓"余下的公务"指教育、公共卫生、慈善救灾、公共工程以及其他事项（包括按惯例由绅士管理的杂项事务）等。②由此观知，晚清时期地方精英负责地方公共事务的权力是战乱伴生的结果之一，表明地方名流精英对地方事务拥有相当的决定权，我们似可以将此理解为绅权或地方权力的扩展。对于普通百姓而言，通过捐输包括书院建设在内的公共事务，从而获得朝廷授予的荣誉性职衔，并跻身于地方精英之列，在官府提倡、地方认同、社会剧变的特殊时代，恐怕是最有价值的投资之一。如江西义宁州书院群，除凤巘书院因土著按米摊捐外③，几乎每所书院均向知州呈报书院建设所需议叙的对象，如奎光书院首事曾省三等于道光二十四年（1844）十月因经费不敷劝众续捐，嗣后牵头首事即向

① 孔飞力. 中华帝国晚期的叛乱及其敌人: 一七九六——一八六四的军事化与社会结构 [M]. 谢亮生, 杨品泉, 谢思炜, 译. 北京: 中国社会科学出版社, 1990: 227.
② 孔飞力. 中华帝国晚期的叛乱及其敌人: 一七九六——一八六四的军事化与社会结构 [M]. 谢亮生, 杨品泉, 谢思炜, 译. 北京: 中国社会科学出版社, 1990: 230.
③ 朱点易. 凤巘书院志 [M] // 赵所生, 薛正兴. 中国历代书院志: 二册. 南京: 江苏教育出版社, 1995.

知州呈报请予议叙事：

> 具禀：监生曾省三、王家桢、附贡生温丰……为恳恩详请议叙以宏
> 作养事：道光十九年蒙宪捐廉倡建奎光书院，沐恩通详各上宪，
> 批准立案，皆上宪之赐也。近因肄业者日增，……倘若不再行加捐，恐负大宪
> 从前雅意，是以生等倡首遵例劝捐，一时人心感戴，愈加踊跃，今童生
> 卢缙等二十四名各捐银二百二十两，……合将捐输例得议叙各士民三代
> 履历、年貌、籍贯汇呈，恳恩详请议叙，始终乐育多士，拜德上禀。①

奎光书院捐输绅众按例恳请议叙，迭经义宁州知州、南昌府知府及江
西布政使司、巡抚、学政、两江总督等各级官僚层层上报，②于道光二十五
年（1845）十一月十三日奉清宣宗谕旨同意吏部关于奎光书院议叙人员的
意见：未经捐银仅系董事出力之捐职从九品卢敦化给予记录二次，捐银三百
以上之童生卢秉璋、赖凤起等，民人钟日新等，监生曾承叙、曾省三等各给
予八品顶戴，至温其书、卢觐光、曾省三等均系董事出力，再各给予记录二
次；捐银二百两以上之童生卢缙等和未经捐银仅系董事出力之附贡生温丰，
监生李见心、王家桢等给予九品顶戴；此外经兵部查核，未经捐银仅系董事
出力之武生萧万容给予九品顶戴。③

道光二十五年（1845）奎光书院议叙案在义宁州书院议叙旌奖中具有
相当的代表性，最终通过议叙获得八品、九品顶戴的捐输人员达 80 余人，
其中童生、民人等 60 余人。这批原属低层的人员通过捐赀书院而获得朝廷
认可被授予荣誉性的官职，一跃成为地方社会区别于庶民的精英或准精英

① 书院公局. 重修奎光书院志：卷一［O］. 铜鼓县档案馆藏本.
② 书院公局. 重修奎光书院志：卷一［O］. 铜鼓县档案馆藏本.
③ 书院公局. 重修奎光书院志：卷一［O］. 铜鼓县档案馆藏本.

力量，从而拥有参与地方社会其他公共事务的权利，从身份投资的角度来看，这一充分利用朝廷政策的举措是颇为经济的，所谓"圣天子在上，凡遇争公，士庶奖励优加。今都人士慕义乐输，以培植人材为亟务，即可仰邀甄叙，立膺显荣，不益慷慨踊跃，聿观厥成者乎?！"①此外，奎光书院议叙案中对出力首事给予了高度肯定，所谓"另邀优叙，以昭激劝"，不但给予倡建首事曾省三等八品顶戴，同时还记录二次。对仅出力而未捐赀书院的绅董，朝廷也从优相应给予了九品顶戴的肯定，这进一步表明，清廷对于地方公共事务倡首者的支持与鼓励，这对激励更多的地方精英投身于地方公共事务的建设而言具有重要的示范作用。事实上也是如此，奎光书院之外，义宁州其他书院的建设如火如荼，请奖议叙屡见于史册。

## 二、捐户进主的创造性举措

由于题请议叙有一定的捐助门槛，对于大量无法捐助议叙经费的民众，书院的建设者们也设计了许多吸引捐助的激励措施，对于捐输低于 200 两银子者，由地方官员通过给予花红、奖匾、芳名勒石等方式肯定捐输书院的绅众。如义宁州客籍中心书院梯云书院董事于道光二十五年（1845）十一月向时任知州报告书院竣工禀请申详，后迭经府、藩、学、抚、督等各级衙门，历时一年多于道光二十七年（1847）正月清宣宗谕旨同意吏部意见，对符合定例捐银 200 两以上的给予九品、八品顶戴外，"至该抚疏内声称捐输不及议叙之数者，应由外给予匾额花红示奖"，②培元书院《壬戌原议规条》明确规定"捐钱折租，每租壹石折钱拾吊文，照数推算修建主座。其捐

---

① 蒋启敔.义宁州怀远创建梯云书院劝捐序［O］//同治梯云书院志: 卷一. 修水县图书馆藏本.

② 书院公局.光绪重修梯云书院志: 卷二［O］. 修水县图书馆藏本.

钱不满贰拾吊者另行勒石标名"，按照规定捐租不足 2 石即折钱不足 20 吊文的捐户不予主座，而是用集中勒石的方式给予奖劝；①而从梯云书院捐费总数看，捐资低于 200 两而获得匾额花红奖赏者不在少数。②

此外一些书院设计了一些较为特殊的劝捐措施，使捐助书院富有鲜明的地域文化特色，如晚清时期湘赣边界、徽州等地将捐助者本人或其先祖的神主归置于书院，定期举行会日集体致祭的制度，这一捐户神圣的做法与议叙制度不同，是民间对捐助书院者的特殊的褒奖文化，通过对"捐者神圣"的充分肯定，使书院建设拥有比议叙门槛更低但更为广泛的民众基础，从而在世俗的精神层面上进一步推进了民间捐助书院活动的深入。

如义宁州泰交书院，"主位列为五则，首百吊，次五十吊，次三十三吊，次二十五吊，次十二吊五百为度，以捐数之多寡，分供祀之层次，其有乐捐贰百、三百缗者，崇祀出格主，以昭劝勉。"③土籍所建凤巘书院，"八乡好义之士，慷慨捐主者，于魁星阁建立神台，分为五层，安设主位，捐钱四百吊者归第一层，捐钱叁百吊者归第二层，捐钱贰百吊者归第三层，捐钱壹百吊者归第四层，捐钱伍拾千者归第五层，按数安座。其不及五拾吊者，勒碑以垂不朽"。④凤巘书院捐户主位集中在魁星阁神台上，共五层，根据捐赏多

---

① 书院公局. 壬戌原议条规 [O] //培元书院志: 卷一. 修水县图书馆藏本.

② 另据毗邻义宁州的袁州府万载县 (今江西万载县)《东洲三修册》(书内页称东洲宾兴册) 记载，道光二十年 (1840) 时任万载县令在关于万载东洲书院绅众禀恳告示文中称，"前奉大部议定捐输章程，凡绅民捐银十两至数十两者由地方官奖以花红匾额，捐银一百两以上者由督抚奖以匾额，捐银二百两以上者给予九品顶戴，三百两以上者给予八品顶戴，其捐银一千两至三万两以上者以次分别议叙"。这一史料较《光绪大清会典事例》更加翔实，便于地方官员操作。同时也表明道光中晚期以降，捐银10两为官方奖励的最低门槛，由此可知获得知州予以花红匾额者所在多有。

③ 书院公局. 泰交书院志 [O]. 修水县图书馆藏本.

④ 朱点易. 凤巘书院志 [M] //赵所生，薛正兴. 中国历代书院志: 二册. 南京: 江苏教育出版社，1995: 814.

寡分别安置，总体原则是捐赀多者在上层，少者位于下层，所谓"按数安座"，有座者捐费的起点为"伍拾千"，不及此数则将芳名统一勒碑。①与凤巘书院类似的尚有培元书院，其规定"专主每名捐租拾担，贰分主每名捐租伍石，三分主每名捐租叁石叁斗，四分主每名捐租贰石伍斗，五分主每名捐租贰石，照此推算修建主座。捐钱折租，每租壹石折钱拾吊文，照数推算修建主座。其捐钱不满贰拾吊者，另行勒石标名"。②

在捐户进主办法的鼓励下，书院获得来自民众的大量捐助，各书院文契中对此记载甚详。如义宁州崇德书院，自光绪二年（1876）直至光绪二十九年（1903），陆续有民众向书院捐产作为晋主费，兹举该书院于光绪二年的一则捐契如下：

> 立捐水田文契人王浩然将崇乡五十三四都塘湾小土名龙公角水田壹坵，其界上止……计实租壹担正，其田当经踩明，凭公捐与崇德别业为业，折作捐费钱贰拾仟文正外，又捐钱伍串文，共满费钱贰拾伍串文，恭进清澜公六层主壹座。其粮在本乡五十五都王清澜户内推出民米……立此捐水田文契为据。③

进主及会日、主日等活动为晚清江西、湖南、安徽等有关区域书院中出现的一种特殊的社会文化现象，这一现象同时也对未捐助者或捐助少者产生无形的压力。会日、主日是书院特定人群的集体的社交活动、娱乐活动及表

---

① 如仁义书院在善后条款中也明确规定"捐费未满二十千者不符题主之数，勒石标名并垂久远。"（《仁义书院志》卷一）

② 书院公局.壬戌原议条规 [O] //培元书院志.修水县图书馆藏本.

③ 佚名.五十三四都文契 [O] //崇德书院志.修水县图书馆藏本.

彰活动，<sup>①</sup>具有祭神娱人的特征，而参与该活动的门槛则是一定数额的捐助。对于松散性的群体的成员而言，若被排除在外则会形成一种被群体抛弃的心理，因此进主等对于争取更广泛的民众参与书院捐助的强化作用是十分明显的。

## 三、获得书院肄业资格及宾兴支持

入学资格是接受教育的前提，在清代书院教育语境中肄业资格或名之为甄别，或称之为取录。<sup>②</sup>通过书院甄别、取录的生童获得肄业书院的资格，成为书院学生并享有书院给予住院学习、膏火补助、考课奖赏、与试川资、取中花红等各种资助。<sup>③</sup>如江苏无锡东林书院，清道光二十六年（1846）详定规条规定投考生童的甄别要求，"甄别示期后，生童即到书院报名。先一日截数，齐备册卷，由监院用印弥封，刻座号。甄别日，该生童衣冠听点，应名领卷坐号，不准给烛，浮票自行揭去。甄别取定肄业生童名数，造具清

---

① 如聚奎书院即规定"凡遇新贵,定于主会日迎接主祭以示鼓励",让新贵主祭,其中蕴含的激励表彰不言而喻。

② 王欣欣称："一般来说,诸生要进入书院学习,除那些类乎蒙学的书院或家族所办书院外,其他书院均要遴选录取,叫做甄别和考试或荐调。"(王欣欣:《山西书院》,太原:三晋出版社,2009年,第57页。)

③ 张仲礼先生称书院中有绅士身份的学生收入通常由三方面构成,"最重要的是经常性津贴,而有些书院还向文章写得最好的学生颁发奖金,并向赴考的学生发放路费"(张仲礼:《中国绅士研究》,上海:上海人民出版社,2005年,第295页。)陈谷嘉、邓洪波先生在《中国书院制度研究》中提出在书院经费中养士费是最不可缺少的,"对养士的长期关注,形成了一个颇具中国特色的古代教育经济理论,那就是'教养相资',亦可称做'养教相资',其主要内容是将教、养分开对待而又强调两者之间相资互济的重要性"(陈谷嘉,邓洪波:《中国书院制度研究》,杭州:浙江教育出版社,1997年,第333页。)膏火、奖赏、花红、川资等均属于书院养士之费。

册两本，一送监院，一送院董，以便查对"。①又如山东武城弦歌书院，道光年间规定，每年岁首甄别一次，"先期出示，齐集生童局门考试，评定甲乙"，甄别之日的考试录取有正课与副课之别，录取为正课的生童有膏火，副课则无膏火。弦歌书院每年生员取录正课十五名，童生正课三十二名，一月三课，除六月和腊月停课和岁首甄别外，全年共九个月，每生全年共二十七课，每课给予正课生童一百六十文的膏火补助，每生每年可获书院的膏火费二百零三千零四十文；除每月应课支付的膏火费外，书院还对每课成绩前列的生童给予花红奖赏，"书院花红，生取五名，第一名六百文，二三名各四百文，四五名各三百文。童取十名，第一名四百文，二至五名各三百文，六至十名各二百文"，花红则没有正、副课生童的区别，副课生童会课前列也照给。②③

　　除膏火费、考课花红奖赏外，部分经费较为充裕的清代书院对士子应府试、院试、乡试、会试等给予经费资助，使寒畯之士无川资之忧。如江西

---

① 邓洪波. 中国书院学规集成: 第一卷 [M]. 上海: 中西书局, 2011: 250.

② 邓洪波. 中国书院学规集成: 第二卷 [M]. 上海: 中西书局, 2011: 820.

③ 值得注意的是，发放书院膏火既有如武城弦歌书院，对甄别取录的正课生童按月根据统一标准发放，也有根据考（续）课情况区别发放，如清道光时期浙江龙游县凤梧书院规定，生童每岁八个月朔望一十六课，每课拟取生员超等四名、特等六名、壹等二十名，此外上取童生四名、中取童生六名、次取童生二十六名。超等、特等生员与上取、中取、次取童生给予的膏火费多寡不一，如生员超等第一名膏火钱一千文，第二名八百文，特等每名四百文，壹等每名钱二百文。童生上取第一名膏火钱五百文、第二名四百文，三、四名三百文，中取每名二百文，等等。（邓洪波：《中国书院学规集成》，上海: 中西书局，424页。）膏火费作为书院影响范围最广、受众最多、费用最大的开支，书院管理者们对此相当谨慎，务求实效，如清晚期江西万载龙云书院规定"院中设立膏火奖赏，原欲肄业者困守鸡窗以收实效。如有虚设书案，归家歇息宿，至期始来赴课者，俱属有名无实"，对此种情况，龙云书院采取将膏火奖赏押后发放的办法进行控制，从而使不住院肄业的生徒无从获得膏火，等等。从《中国书院学规集成》刊载的有关清代书院章程看，清代书院生童膏火费用的发放原则大体分为肄业生童无差别发放和根据考课成绩区别发放二种。

宁冈龙江书院道光年间规定，书院生员"文武乡试斧赀钱叁千文，省垣给领。……文武举人会试、拔、优贡朝考斧赀钱贰拾肆千文，云程时给领"。①山东昌乐营陵书院由知县陈某捐项京钱200串专为宾兴旅费，每逢大比之年，由监院取折向当铺取息，"以八成半为乡试旅费，以一成半为会试旅费。乡试旅费交送考礼房，由监院会同应试中之老成端谨者分发……会试旅费，由本人到书院面领，领而未到考者，原钱交还书院，以重公项"。②再如山东惠民三台书院于咸丰时规定，"遇乡试年，捐资每名四串，入泮者给银三两，中举者给川资二十两，副榜六两，进士者鼎甲百两，庶常五十两，即用三十两。每银一两，折给制钱二串"。③等等。此外，书院士子若成功考取各种功名则可享受书院给予所谓的新进花红奖赏，上述宁冈龙江书院即规定"新进文武花红钱壹千文，恭谒帝君时给领。补廪花红钱陆千文，起文时给领。恩、岁贡花红钱捌千文，考贡时给领。……中式文进士壹佰陆拾千文，武进士壹百贰拾千文，词林鼎甲倍增，荣归时给领。"④

因此，获得肄业书院的资格对于清代大多数士子而言既是宝贵的教育机会及考取功名、跻身仕途、改变命运的基础，也是享有各种经费资助的前

① 邓洪波.中国书院学规集成:第二卷[M].上海:中西书局,2011:750.
② 邓洪波.中国书院学规集成:第二卷[M].上海:中西书局,2011:789-790.
③ 邓洪波.中国书院学规集成:第二卷[M].上海:中西书局,2011:822.
④ 邓洪波.中国书院学规集成:第二卷[M].上海:中西书局,2011:750.

提，对于乡村寒士而言其重要性不言而喻。①

　　除通过公开考试的方式对肄业生徒予以甄别、取录外，部分清代书院对有功于书院者的后裔免予考试直接给予肄业资格，作为对包括捐助书院在内的各种善举的回报。如江西安福复真书院规定："捐银拾两者，本乡绅士邀请邑绅，禀官详请抚宪照例奏请旌表建坊，并请其三代主位入乐义祠中龛，永远送学生一人入堂肄业。捐洋银仟圆者，请其三代主位入乐义祠中龛，永远送学生一人入堂肄业。捐洋银伍佰圆者，请其三代主位入乐义祠中龛，三届送学生一人入堂肄业，每届以四年毕业为期。"②宁冈龙江书院，"书院原

---

① 张仲礼在《中国绅士研究》一书中将领取书院津贴作为绅士的收入来源之一，"尽管按照绅士的标准来看这一津贴数量不大，但这些学生赖以为主要的收入来源"。但正如张先生在该书嗣后中提出的那样，与绅士的其他收入比较，住院肄业生员的全年津贴多数徘徊在白银7.5两与15两之间，显然不能称之为高。"有绅士身份的学生所得到的津贴数量当然是很有限的。这一津贴总数和绅士们得自其他来源的收入相比也是较小的。"将书院津贴作为"赖以为主要的收入来源"的，主要是指暂未有任何功名的童生和即使有低级功名但生活困难的城乡生员群体，《儒林外史》中举前的范进即为其中的代表。对于这一群体而言，书院膏火津贴奖赏等是维持本人及其家庭生活的主要经费来源，所谓"贪微末之膏火，甚至有头垂垂白而不肯去者"。当然，书院"不仅帮助学生为参加更高一级的考试作准备，而且使他们有可能接触其他绅士及当地的父母官"，从中获益匪浅，"有绅士身份的学生在书院读书的得益，远大于以较少的津贴形式表现出来的直接物质利益"。（张仲礼：《中国绅士研究》，上海：上海人民出版社，2008年，第294—297页。）因此，肄业书院对绅士身份的学生而言并不主要指向物质利益，但对于未有绅士身份及部分即使有此身份但仍生活拮据者来说，书院津贴仍具有十分重要的现实作用。传统书院虽举办力量不一，但均对肄业生徒提供免费教育并给予适当的补助，这一优良传统的形成与延绵赓续是崇文重教传统生生不息的动力之一。清末废书院兴学堂，免费书院教育为缴费的学堂教育所取代，从而对传统乡土社会及其秩序产生了巨大的冲击，其影响直至中华人民共和国成立前后的20世纪四五十年代。据《人民文学》原主编程树榛回忆，1948年他由邳县唯一完小考取省立江苏徐州中学，"我们全班数十人，仅录取我一个"，异常荣耀。但一笔不少的学杂费和伙食费却难住了他的寡母，"万般无奈，母亲只好寻求下策：变卖祖传下来的最好的土地，以解燃眉之急"。（程树榛：《当年高考发榜的日子》，光明日报，2019年7月24日，第12版。）比较书院教养相资的举措而言，何啻天壤。
② 邓洪波.中国书院学规集成：第二卷［M］.上海：中西书局，2011：753.

---

为作育人才，其业已捐田亩者，子孙永远考课肄业无异。至有目前贫乏未经捐田之家，日后家业增盛，仍准其量力捐输，以示一体同仁之义"。①湖南桂阳龙潭书院，"按捐定额，凡一团一族有捐钱至八百串以上者，永定课额一名，惟陈隽丞侍郎、颜接三太守、魏质斋、夏菽轩两观察捐数较多，不在此例。又恐各团或有实系瘠苦，捐难满额，不免偏枯之弊，并另设公课四名，随州人士皆得与考"。②等等。

对捐助者后裔给予肄业资格保障，从而使捐助者获得来自书院的切实回报，为清代书院较普遍的做法。从某种意义上说，捐助书院成为绅众可以直接获得包括受教育权在内的各种收益的有效投资行为。

## 四、心理压力

在书院捐助活动中，捐与不捐者事实上成为界限分明的两个群体，未捐者不能获得肄业资格，对这一群体而言必然形成巨大的心理压力，因为这一行为既与个体及其家庭现实利益有关，更关系到其后裔将来获得书院教育资源的可能性。设若将来书院公局也以"书院建设在先，并未捐赀"为由永远拒绝其后裔与考书院，对该家庭而言其影响是巨大的。因此，建立在未来期望基础上的心理压力，成为刺激明清时期出现广泛的书院捐赀行为的原因之一。

心理学研究表明，在群体内部存在着从众心理，所谓从众是指"个人的观念与行为由于群体的引导和压力，不知不觉或不由自主与多数人保持一致的社会心理现象"；从众心理，指"个体在与他人在一起时，因为他人以某

---

① 邓洪波. 中国书院学规集成：第二卷 [M]. 上海：中西书局，2011: 750.
② 邓洪波. 中国书院学规集成：第二卷 [M]. 上海：中西书局，2011: 1213–1214.

种方式做某事，自己也自愿做出与他人一致行为的社会心理现象"。①从众心理或与群体压力有关，当群体凝聚力越强，从众行为越容易发生。在对江西义宁州书院群的研究中发现，由于区域中存在着土著与客籍关系持续紧张，彼此相互对立的现象，对书院教育资源争夺激烈，因此义宁州土著集团与客籍移民掀起了书院建设的热潮。然而在外部竞争压力下，土著与移民内部的凝聚力得到加强。加强内部团结，发展群体力量，在群体中获得庇护与发展成为共识。在这一背景下，捐助书院成为族群成员身份认同与识别的标志之一，无论是土著集团还是客籍移民群体，在举州、举乡捐建书院中，不捐者的心理压力是巨大的，从众心理成为影响不同人群捐赀书院的重要因素。这一现象在晚清其他区域城乡书院建设中也较为常见。②

## 第三节  书院经费构成

书院经费按来源可分为地产、田产、房产和本金等四类；根据经费的形态又可分为地产的实物和从房产、本金所得的货币两大类；按用途而言，则又可分为基建经费和常年经费。③刘艳伟在清代县域书院的研究中指出，"清代书院的经费大体可以分为基本建设经费和常年经费两大类。前者包括书院用地、用房、学田、图书、教学用具、器物等；后者包括书院职事人员的酬金、薪金、工食银、课卷、纸张、膏火、油灯费等。书院基本建设经费的筹

---

① 胡竹菁, 胡笑羽. 社会心理学 [M]. 北京: 中国人民大学出版社, 2008: 176.
② 张劲松. 清代义宁州书院研究 [D]. 武汉: 华中师范大学, 2019.
③ 陈谷嘉, 邓洪波. 中国书院制度研究 [M]. 杭州: 浙江教育出版社, 1997: 330–331.

措，一般源于官府的赐拨、官员捐赠、民间捐输等途径；常年经费的来源，形式多样，既有学田、房屋等书院产业的出租所得，又有发商生息、自办产业等收入，有些书院甚至有当地政府的税收支持。"①概言之，我国古代书院的经费构成除拨充、捐赠、捐输外，主要有土地租佃收入、银钱货币利息、店铺租金等。

## 一、学田租产

在传统耕读社会，土地是人类赖以生存的物质基础，无论是粮食还是其他经济作物，都有赖于土地持续的产出。土地是如此重要：它是财富的载体与象征，拥有土地就拥有一切，失去土地意味着失去了安身立命的基础，甚至意味着背叛与死亡。无论是对财富、地位还是对权力的竞争，最终都将归结到土地上来，谁控制的土地、占有依附于土地上的人口与生产资料越多，则越富有、越有权势；反之则是赤贫、是流离失所乃至消亡。因此，人类社会在实践中演化出对土地的特殊的感情，将土地以及与土地相关的自然神灵化，岁时拜祭。

土地也是书院经费的主要来源，影响力越大、经费越充裕的书院，以各种方式拥有的土地就越多。土地的产出构成了我国古代书院发展的经济基础，其中学田、院田的经营是最主要的方式。学田并非书院专有，除书院学田外，宋代以来的地方官学也多置有学田。书院学田被认为是广义学田的一类，"学田，在各地称谓不一。有些地方以'学田者，府县以赡学校之田也'，径称为'府县学田'。有些地方以学田的租入兼供祭祀历代圣贤之需，而名

---

① 刘艳伟，金生扬. 清代的县级书院：以南部县鳌峰书院为中心的研究［J］. 地方文化研究，2016（5）：57-65.

之曰'供田'。有些地方人们以其田租纯粹为'读书人'之用，而叫它'书田'。亦有人称之为'赡田''膳田''廪田'。学田还可以细分为'儒学田''学院田'或'书院田''社学田'。等等"。①明史学家林金树先生在对明代学田的研究中指出，明代学田从来源与所有制看主要可以分为二类：一类是从朝廷所控制的土地直接拨给的，是为"官田"；一类称之为"地方学田"，系指由地方官民通过捐助或用地方财政节余购买、无主绝户田以及一些没官田和废寺观田等，此类学田就主要成分而言，"一般可以视为公有土地，其性质与'义田'相近似，故方志有谓之为'义学田'者"。②林先生更进一步指出，明代学田主要有五种来源，分别为朝廷赐田、地方官府拨置的入学田、地方主要在职官员以公帑购置的学田、地方官绅自发捐助之田以及学校以学粮、店铺等库存租息自行购置之田，其中官绅捐助之田自明中叶后成为学田的主要来源。③若以此视之，书院学田因既有朝廷拨充，也有绅众捐输与自行购置，所以书院学田的性质因不同书院的性质差异而有所不同，但自明代以降，来自民间捐助的学田成为包括书院在内的各类教育机构学田资产的主要来源，这与前面我们关于绅众捐输是书院经费来源的主体是一致的。

书院学田是较为宽泛的概念，并不仅指水田或旱田，而是指书院所有的包括田、地、塘、林等在内的有形资产。如义宁州成孝书院于清乾隆二十四年（1759）由万氏创建，创始者万来英捐实竹坳熟田66亩，"岁收租百石延师课子弟之贫不能就学者，并种茶子万株，用佐焚膏"。④再如义宁州各书院，除田产、山地、银钱外，绅众亦向义宁州书院捐助实物，如庄屋、树木

---

① 林金树. 明代私人捐田助学风气的兴起及其作用［J］. 社会科学战线, 1990（3）: 167-174.
② 林金树. 明代私人捐田助学风气的兴起及其作用［J］. 社会科学战线, 1990（3）: 167-174.
③ 李朝晖, 文平. 论明代学田［J］. 贵州文史丛刊, 2002（4）: 38-42.
④ 王维新, 涂家杰. 同治义宁州志［M］//中国地方志集成·江西府县志辑⑮. 南京: 凤凰出版社, 2013.

等，各有关书院志等多有记载。如崇德书院所载一则契据：

> 　立拨捐房屋水田文契人崇乡五十五都王宗圃裔，将己手得买四十九都之业，土名杨桃坪叶家垅田屋壹庄，计正房四间，左边披舍二间，右边披舍二间，碓舍一间，屋右边围墙外小田一号，棕树、杂木、余土在内；屋左边围墙外菜园数处；又门前相连水田一号，又相连坎下余土数处。……四界踩明，钉石弓亩，不载实承谷租壹十五石正，粮在四十九都五甲帅四兴户内推出民米贰斗四升，付入书院承当。今将田产一并凭公捐与崇德书院为业，折作主费钱叁伯吊文正，内将费钱贰伯吊恭晋王宗圃公主名一座，又将费钱壹伯吊文恭晋王子香公主名一座。自捐之后任从书院别批收租管业，一拨如售，永无异谓，恐口不凭，立此捐拨田屋地土文契，永远为据。①

从该契据可以看出，捐户向崇德书院捐助的既有若干水田的经营权，也有与之相连的田屋正房及附属建筑与植被等。因此有研究者指"学田不仅指水田，还包括山、塘、园、房屋、店铺等"。②再如岳麓书院，于清同治六年（1867）编纂《书院续志》时，有田、地、塘等产业数千亩，此外还有祭田、文昌阁祭田、三闾大夫祭田、道乡祠祭田、膏火田、岁修田、朱张渡食田等有专门用途的田产，有善化五铺地名惜阴街一带园土、书院附近一带园土屋宇租额等各种杂款租钱收入五十多千文。③虽然包括其他形态的资产，但书院学田的主体是田而不是其他。如白鹿洞书院，以士子裹粮为艰，难及终

① 书院公局. 五十五都文契［O］//崇德书院志. 修水县图书馆藏本.
② 王继训. 清代学田个案研究：广东学田［J］. 齐鲁学刊, 2004（2）：59.
③ 丁善庆. 长沙岳麓书院续志［M］//吴道行, 赵宁. 岳麓书院志. 长沙：岳麓书社, 2012：542.

业，自南宋淳熙七年（1180）朱熹始置学田，"有田谷源、卧龙等庄，共田捌百柒拾亩"。嗣后，自宋以降，历代均有增置，明嘉靖三十三年（1554），书院田产已蔚然大观，但其中的主体为田而不是山地、林地等，据载书院旧有、新增星子、都昌、建昌、新建等四县田地山塘总共 2398 亩 9 分 7 厘 5 毫，其中田为 2008 亩 8 分 2 厘 9 毫，岁可得租谷 2090 石 1 斗 6 升 3 合，地 47 亩多，山 210 亩，其他若干，毫无疑问，田依然是书院资产及其经费来源的主体。分布四县的田地的情况也是如此，如新建县共有田地圳塘共 479 亩 8 分 9 厘，其中田为 404 亩 8 分 9 厘，地 3 亩，圳 2 所，塘 72 亩，田占绝大多数。[①]位于庐山山麓的白鹿洞书院如此，遑论其他书院。

"纵观明清时期，书院的经费来源有三：官府赐拨、官僚资助、民众捐输。而它们的主要表现形式则是'学田'，……而所谓经营，就是出租学田，收取地租（钱或粮）。"[②] "间有山塘，园屋，统名曰田，所收有银、有钱、有粮，统名曰租"。[③]书院将其所有的学田出租，或收取谷、麦等实物地租，或将实物地租折现为银钱，这是书院经费中常见、稳定的经营模式。试以清代南昌府治各书院府属州县为例。

豫章书院，清雍正十一年（1733）购田 279 亩，每年额收租谷 353 余石，以供书院食用；乾隆四十四年（1779）置田三庄，共 380 余亩，额租 350 多石；此外还有专门用于理学名贤祠的祠田 70 多亩，收租谷 74 石有奇。

友教书院，旧有祀田二庄，有租谷 800 余石，乾隆三十九年（1774）武生严某捐田一庄，田 27 亩有奇，额租近 17 石；知县陶正伦收竹林庵僧

---

① 郑廷鹄. 白鹿洞志［M］// 白鹿洞书院古志整理委员会. 白鹿洞书院古志五种：上. 北京：中华书局，1995：505.

② 李琳琦. 徽州教育［M］. 合肥：安徽人民出版社，2005：222.

③ 阮元. 道光广东通志·琼州府：下册［M］. 海口：海南出版社，2006：524.

田，额租共 95 石 6 斗有余。

洪都书院，除各属绅士捐田外，经费置买田业，于道光十七年（1837）、二十三年（1843）共买田租 100 多石。

东湖书院，除捐银发典生息、院外店租地租外，邑人涂大成捐有田租 16 石、胡华坚捐田租 40 余石。

西昌书院，有田业 492 亩及新洲田，岁收乾租钱 100 串；陈姓捐田 6 弓半，谌姓捐田 14 弓 7 分半，李姓捐田 2 石 1 斗 5 升。

丰城龙山书院，乾隆三十七年（1772）在原讲学之所新建，旧存赖塘等处田 358 亩 6 分，续增田 516 亩，又详请拨归洲地、官地、洲田 700 余亩，后绅众又陆续乐捐田租。

进贤曲水书院，乾隆十二年（1747）知县向德捐建，拨官田 689 亩，买田 56 亩，杨氏捐田 44 亩为膏火费。

奉新冯川书院，乾隆五年（1740）徐元勋捐建并捐田租 52 石，知县赵知希捐新垦田租 12 石，邑绅公同捐租 143 石；乾隆十四年（1749），断归奉化乡福神埚官田租 5 斗，严盛旭捐田租 10 石；十五年（1750），师家驹、家骏捐田租 50 石，彭肇祚捐田租 12 石，余锴、余光祖捐田租 14 石；等等。

奉新岐峰书院，道光三年（1823）知县邹山立捐建，邓观澜捐田租 50 石，洪乔龄捐田租 47 石，等等。

……………①

需要注意的是，由于历史条件与区域社会发展水平不同，不同书院之间拥有的学田性质不尽相同。明清时期，随着土地交易水平的不断发展及有限的土地与日益增长的人口之间的矛盾上升，田地的权益被分割成田骨与田皮两部分。田骨指田地的所有权，田皮指田地的经营权，地主将田地

---

① 许应镳, 曾作舟. 同治南昌府志: 卷十七 [O]. 国家图书馆藏本.

予人耕佃，即是将土地的经营权出租，在收取地租的同时，并没有改变土地仍归地主所有的事实。有的书院捐置的田产所有权与经营权均归于书院，有的仅有耕种权即所谓捐入田租或买入田租若干石。如乾隆《湖南群玉书院志》在"计开田亩经费"中详细记载了书院获捐与购置的田地，这些田地无一例外都只有经营权而无所有权，书院仅获得田皮而不是田骨。如唐执中所捐之产："监生唐执中捐土名尹家冲田贰拾五亩，秋粮叁斗五升叁合。每年额纳市斗租谷贰拾陆石四斗，内除壹石四斗完粮，实纳租谷贰拾五石。佃民唐有德、唐有贵耕种"；再如购买的田土，"买土名马鞍岭田贰拾捌亩，徭粮贰斗八升，每年额纳市斗租谷叁拾贰石，内除完粮租六斗，实纳租谷叁拾壹石四斗。佃民曾陞贤耕种"，①等等，群玉书院所获得的这些土地都是租佃权。

在长期的实践中，租佃交易逐渐发展成永佃、稳佃的情况，即在保护地主合法收入的前提下，既有佃户有优先耕种权；地主未有合法缘由一般不能更换佃户。在此基础上，再衍生出所谓的押租钱、稳佃钱，这是佃户用以保证地主租额收入的押金，一方面保护地主的地租收入不受影响，另一方面也使佃户的耕种权得到保障，非有理由，不能换佃。土地租佃关系的变化，对书院的经费来源也产生了一定的影响，有的书院在其经费收入中就有押租钱的来源。如历史上岳麓书院有押租钱，这部分钱是佃户租佃书院田产的押金，退佃、顶佃时退还。后由于人口增多，生齿日繁，土地与人口之间的关系逐渐紧张，佃户在获得书院田产的经营权后，也有将田地的使用权再次转佃给他人的情况，从而在加增租额的情况下获得收益，成为二地主。

---

① 陈三恪. 群玉书院志 [M] // 赵所生，薛正兴. 中国历代书院志：五册. 南京：江苏教育出版社，1995：131.

## 二、银钱等货币发商生息

明清时期，书院经费除了来自土地的租入外，其资产经营方式也随着经济社会的发展而有所变化，其中最显著的变化为一些位于城市或土地资源极为有限但商业资本较为发达地区的书院，发商生息成为书院重要的经费来源，甚至在山西、安徽徽州等地的一些书院，息银代替地租成为书院最主要的经费来源。以江西为例，位于会城南昌的豫章书院、友教书院、经训书院等三书院于清咸丰时期有现银 23322.45 两，被借为镇压太平天国的清廷军饷，后除归还原款外，江西巡抚刘坤一等又倡捐集款 46577.55 两，前后共约 7 万两，以月息一分存典生息，全年可获息银 8400 两，用于三书院开支；①庐山白鹿洞书院于清嘉庆、道光年间先后多次得到景德镇陶业巨头陈某、吴某、余某等巨额经费的支持，这些银两除部分用于书院建筑的修葺外，主要是发商生息。再如岳麓书院、城南书院，乾隆二十八年（1763）湖南巡抚陈宏谋将钦赏和借公帑银 4000 两及节余息银 2500 两分交汉口盐商、湘潭典商以 2 分和 1 分 5 厘的利率生息，每年获息银 1410 两作为两书院的经费；②乾隆四十九年（1784），因肄业生徒增加，书院经费紧张，湖南巡抚陆耀南从盐法道库中将书院历年积存余息银 3000 两提出交湘潭县徐豫丰等 8 家店铺周转运营，月息 1 分 5 厘，年获息银 540 两，从而较好地解决了生徒膏火问题；嘉庆元年（1796），岳麓书院欧阳厚均等肄业生徒捐银 200 两，以月息 1 分 5 厘交商生息，每年获息银 36 两作为书院道乡祠春秋供祀的费用；嘉庆七年（1802），湖南布

---

① 清代书院经济来源变化及其意义 [M] // 李才栋. 中国书院研究. 南昌：江西高校出版社，2004：305.

② 陈谷嘉，邓洪波. 中国书院制度研究 [M]. 杭州：浙江教育出版社，1997：424.

政使和盐法道合捐 4000 两银子，以月息 1 分 2 厘交长沙、善化两县典商生息，每年可获息银 680 两。由于经费充足，岳麓书院扩招副课生监 35 名，城南书院亦受益于息银而扩招副课生监 25 名，副课童生 10 名。①因此，研究者将清代岳麓书院的经费来源分为土地来源的实物地租、店铺等房屋出租的货币地租及金融利息等三类，其中金融利息的比重随着时代发展逐渐丰富并日益增多。②再如湖北江汉书院，于会城书院在雍正十一年（1733）获帑银 1000 两，但仅此不够维持书院的正常运作，因此借支布政司藩库存公项下银 3000 两及书院积余银 1000 两，共得银 5000 两，以月息 1 分 5 厘的利息发商生息，每月得息银若干，后湖广总督德沛再捐薪俸 5000 两用以存典生息，以补书院用度不足。③广州广雅书院，除田地租入外，常年有发商生息银收入 7150 两。④光绪二十九年（1903），广东学政浙江仁和徐琪向杭州诂经精舍捐银 2000 两，由巡抚存典生息以作精舍院长束脩、膏火等费，"按月八厘生息，每年得息银一百七十五两一钱有四厘"⑤。由此可见，位于经济较为发达的会城等中心城市的书院，在清代中晚期将巨额资金发商生息较为常见。

书院经费主要来源由土地转向以土地为主、货币经营为辅，或土地收入与货币生息混合经营，甚至以货币发商生息为主，这一现象不但表现在清代中晚期位于城市的中心书院群体中，在其他地方书院中也屡见不鲜，如乾隆五十三年（1788），江苏丹徒绅众为宝晋书院乐输市平市色银两，呈详经各

① 陈谷嘉, 邓洪波. 中国书院制度研究 [M]. 杭州: 浙江教育出版社, 1997: 420–421.
② 陈谷嘉, 邓洪波. 中国书院制度研究 [M]. 杭州: 浙江教育出版社, 1997: 421.
③ 蔡志荣. 书院与地方社会: 以明清湖北书院为中心考察 [M]. 北京: 中国社会科学出版社, 2014: 140.
④ 周汉光. 张之洞与广雅书院 [M]. 广州: 广东人民出版社, 2012: 346.
⑤ 陈谷嘉, 邓洪波. 中国书院史资料: 中册 [M]. 杭州: 浙江教育出版社, 1998: 1789.

宪批示，存典生息，"通年计得息银五百三十二两零，以充束脩膏火之用"。①
安徽凤阳淮南书院于同治十年（1871）筹增经费，"凤颖道胡玉坦筹拨牙厘，
以为经常费用。复筹银一千九百两，筹钱二千串，存典生息，以益膏火"。②
山东黄县士乡书院在同治时期除城地、庙地、筏户网口租等常年收入外，另
有生息收入，"发当铺生息大钱壹千千文，每月壹分行息，每年收息大钱壹
百贰拾千文，遇闰照加"。③河北获鹿鹿泉书院，"道光二十二年，当商领成
本制钱一千四百千文，按月一分五厘生息，每年得息钱二百五十二千文，遇
闰得息钱二百七十三千文；又钱行领成本库平洋银六百两，按月一分五厘生
息，每年得息银一百零八两，遇闰得息银一百一十七两"。④河北深州文瑞书
院于道光四年（1824）将绅民捐输制钱发给州境并三县盐当各商，按月一
分生息，"遇闰不加，每年利息制钱一千二百千，由各商送交书院董事查收，
取具文瑞书院图书收单存执"，据查，文瑞书院本钱分别由深州、武强县、
饶阳县、安平县的天兴当、复泰盐店、源裕盐店等 28 家盐店、当铺承当，
多者达 2200 千文，少则 60 千文不等。⑤湖北江陵辅文书院，在光绪十一
年（1885）时，"捐款现存银四千两交典，一分二厘生息，应令存银各典，
在右司具领备案，以便查核。除逐年换票外，至第三年年终将本银呈缴右
司，或另交别典，或仍交原典生息之处，临时斟酌办理。以后续有生息银

① 陈谷嘉，邓洪波. 中国书院史资料: 中册 [M]. 杭州: 浙江教育出版社, 1998: 1784.

② 吴景贤. 安徽书院志 [M] // 赵所生, 薛正兴. 中国历代书院志: 一册. 南京: 江苏教育出版社,
1995: 135.

③ 尹继美. 士乡书院志 [M] // 赵所生, 薛正兴. 中国历代书院志: 六册. 南京: 江苏教育出版社,
1995: 79.

④ 光绪获鹿县志: 卷八 [M] // 中国地方志集成·河北府州县志辑④. 上海: 上海书店出版社,
2006: 191.

⑤ 陈谷嘉，邓洪波. 中国书院史资料: 中册 [M]. 杭州: 浙江教育出版社, 1998: 1757–1759.

两，俱以此条为例"。①光绪十七年（1891），河南南汝光道朱寿镛以建书院余款项发典生息，为郑重其事并确保这部分资金安全，朱道台札行汝宁知府就发典生息立案备询，从而留下了一份宝贵的书院资金发典生息的原始档案：

> 为札饬事：照得本道创设豫南书院，收罗三郡士子住院肄业，以启人文。当因经费如钜，独力难成，本道首先倡捐廉银，兼募同僚陆续输捐。除置买民房、书籍以及器用物件外，复经本道先后筹得一五库平银三千两，于光绪十六年四月初一、十月初一及十七年三月二十日解由汝阳县转发该县当商黄德聚具领，按月一分生息，遇闰不增，以备士子膏火、山长脩膳之用。节据汝阳县取具该商领状三纸，先后申送在案。除领状存案备查外，合行札饬到该府立即遵照备案，仍转饬汝阳县催令该商将息银按季速即缴县，批解备用，均毋违延。切切，此札。②

书院银钱发商生息不但具有历时性的特点，更在土地资源相对紧张的山西与安徽徽州等地表现出鲜明的地域特征。

如徽州地区，地理上呈现出山多田少，农耕的自然环境极为恶劣的特点，"郡之地，隘斗绝在其中，厥土驿刚而不化，高水湍悍少潴蓄，地寡泽而易枯，十日不雨则仰天而呼，一骤雨过，山涨暴出，其粪壤之苗又荡然空矣"。为了生存，徽民在山中开垦梯田，层累而上，至十余级而不盈一亩，牛犁不得田其间，只能用最原始的刀耕火种方式进行耕作，较之平原地区不啻霄

---

① 邓洪波. 中国书院学规集成: 第二卷 [M]. 上海: 中西书局, 2011: 1023.

② 朱寿镛. 创建豫南书院志略 [M] // 赵所生, 薛正兴. 中国历代书院志: 六册. 南京: 江苏教育出版社, 1995: 302.

壤。在以山地为主、民鲜有田畴的情况下，货殖贸易成为徽州士民的主要生计方式，"（风俗）以货殖为恒产，春月持余赀出贸，什一之利为一岁计。冬月怀归，有数岁一归者。……善识低昂时取予，以故贾之所入视旁郡倍厚"[①]。在这种自然条件和社会环境下，徽州书院的学田数量很少甚至根本没有学田，即使有部分学田也因为地貌的原因而呈小块分散的特点，管理十分不易。为使书院有持续而稳定的收入，以维持正常运转，徽州书院普遍将获得的资金进行商业化的运作，这种商业化的操作主要为发商生息和购置店铺市房，收取租金。发商生息则是权其子母，通过息银收入维持运转，[②]如皖南泾县泾川书院，落成后虑及余款若全部购置田产，则有可能丰歉不一，经理为难，日久滋弊，因此，"今城乡典铺较多，议仿社谷桥工发典生息之例，将所存之钱分发各典，按月一分行息。现发各典核实之数七折钱壹万捌千肆百陆拾两，岁可得息七折钱贰千贰百壹拾伍两贰钱，以为岁支经费。其一切款项，皆以七折钱支销"。[③]旌德县毓文书院，建造时获捐钱三千五百两，缴县发典承领本息，"议得生息银两，自应就近发交本地典当，或殷实铺户，具领存案。遵照前藩宪态批示，以一分二厘行息，设立经折，发交董事，四季支利，备用其事。不假经差之手，庶免侵渔之弊"。[④]婺县碧阳书院，"书院为文教之地，膏火经费发典生息，专以培植多士"。[⑤]位于歙县的古紫阳书院，乾隆五十五年（1790）由户部尚书曹文埴同歙县盐商鲍志道、程光国等倡修。[⑥]乾隆五十九年（1794），鲍志道独力捐银 8000 两，交淮商

① 丁廷楗, 赵吉士. 康熙徽州府志 [M]. 台北: 成文出版社有限公司, 1975: 441.
② 李琳琦. 徽州教育 [M]. 合肥: 安徽人民出版社, 2005: 223.
③ 邓洪波. 中国书院学规集成: 第一卷 [M]. 上海: 中西书局, 2011: 506.
④ 邓洪波. 中国书院学规集成: 第一卷 [M]. 上海: 中西书局, 2011: 509.
⑤ 陈谷嘉, 邓洪波. 中国书院史资料: 中册 [M]. 杭州: 浙江教育出版社, 1998: 1775.
⑥ 马步蟾. 道光徽州志 [O]. 国家图书馆藏本.

按月 1 分行息，每年可得息银 960 两（遇闰加增 80 两），由府具文赴运库支领交书院使用；嘉庆时期，鲍志道之孙鲍匀复捐银 5000 两，"由府转详两淮运宪，仍照原捐章程按月一分行息，每年缴息银六百两，闰月加增五十两，由本府教授两次具文赴运库请领"。道光初年古紫阳书院又得到士绅富商的捐输支持，"歙绅将存建考棚银一万一千两内拨出银六千两公同捐输，以资膏火。又据歙绅胡尚熠、胡元熙、胡积成再捐银五千两，共计银一万一千两。除将银四千两归府垫项，余银七千两由府饬传歙、休二邑典商给领生息，每年缴息银八百四十两"，[1]有了盐商、典商息银的稳定来源，书院经费颇为充裕。

山西书院发商生息的情况与徽州较为类似，也主要由于地理原因而粮田不足，这种由自然环境孕育出的商业文化、社会文化让人感叹造物弄人。如徐沟县清源城梗阳书院，书院主要经费来源为创建书院的剩余款发商生息的利息，舍此并无其他田地、铺面等收入，来源较为单一，"书院发当生息银一万两，长年九厘，计利银九百两"[2]。道光时期山西朔平府建玉林书院，知府张集馨考虑书院初建，经费拮据，而郡中有赃罚闲款千余金，"久贮必致乌有，因提归书院，发商生息"。[3]据《中国书院学规集成》所收清代山西 14 所书院的学规章程，除晋阳书院、冠山书院等少数书院外，绝大多数山西书院都有发商生息的举措，见下表。

① 石国柱, 许承尧. 民国歙县志［O］. 国家图书馆藏本.
② 邓洪波. 中国书院学规集成: 第一卷［M］. 上海: 中西书局, 2011: 79.
③ 张集馨. 道咸宦海见闻录［M］. 北京: 中华书局, 1981: 31.

### 表1 清代山西各书院发商生息情况

| 序号 | 书院名称 | 生息本金 | | 息率 | 全年息银 | | 备注 |
|---|---|---|---|---|---|---|---|
| 1 | 徐沟县梗阳书院 | 银 10000 两 | | 长年 9 厘 | 900 两 | | 同治三年（1864） |
| 2 | 潞安府上党书院 | 银 1694 两 | | 月息 1 分 5 厘（当商） | 304 两 9 钱 2 分 | | 乾隆六年（1741） |
| | | 银 3600 两 | | 月息 1 分（当商） | 432 两 | | 光绪八年（1882） |
| 3 | 陵川县望洛书院 | 银 2500 两 | | 月息 1 分 5 厘（当商） | 450 两 | | 乾隆十四年（1749） |
| 4 | 苛岚州管涔书院 | 未知 | | 未知 | 480 两（遇闰加增） | | 道光四年（1824） |
| 5 | 平遥超山书院 | 银 10000 两 | | 6 厘半 | 720 两 | | 道光十九年（1839） |
| | | 银 32000 两 | | 年息 1 分 | 3200 两 | | 咸丰年间 |
| 6 | 霍州霍山书院 | 银 4016 两 | 3216 | 每月 1 分 | 385.92 两 | 465.92 两 | 咸丰元年（1851） |
| | | | 800 | 每年 1 分 | 80 两 | | |
| 7 | 蒲州府首阳书院 | 银 1000 两 | | 年息 1 分 2 厘 | 120 两 | | 道光十三年（1833） |
| 8 | 永济县敬敷书院 | 银 2000 两 | | 每月 1 分 | 240 两 | | 不详 |
| | | 银 2100 两 | | | 252 两 | | 道光十七年（1837） |

（据邓洪波《中国书院学规集成·山西篇》编制）

## 三、店铺租金

店铺租金也是经济社会发展到一定程度，书院经费筹措办法发生变化的内容之一。店租与发商生息共同构成了我们古代书院除学田之外，另外两个获得经费的主要来源，而这一变化对于长期处在农耕文明的封建社会而言，预示着一个对传统造成巨大冲击、即将发生巨大变化的时代的到来。书院用其资产购买具有一定商业价值的店铺，或在市场与交通要道购买地基修盖房屋用以出租，表明书院的管理者在时代发展的潮流推动下，采取最适合的方式，主动顺应时代需求，保证书院的正常有序运行，因此，研究者敏感地指出，"书院的经济来源由地租转向工商利润，这是一个重要的讯息，意味着书院的社会经济背景正在逐渐由'土地'转向工商业。……这预示着书院本身即将产生巨大的变革"。①如江西都昌县南山书院，原名汇东书院，明朝万历年间为学宫旧址，明崇祯十三年（1640）为书院，"旧有店屋十八间，坐署东南，租银五十四两，折钱四十八千六百文；又二间租银若干，为每年修理之费。南山书院旧有店屋二十间，兵燹后租钱无著，同治初年一都生员黄文中会商合邑生童，谓书院有名无实，理应禀请开课，将店租拨给肄业生童膏火。咸称善。文中由府县具呈以次禀明两院，均经批允。五年知县彭芝始考甄别，拨租钱分给膏火，并捐廉示奖"。②江西奉新冯川书院，于清乾隆十五年（1750）在县治仓前建书院店，以店屋租赁费赠学用，"蔡李二姓复以米仓前基地虚旷，置店屋岁权其赁以赠学，视置田费简而事便。于是同创砖屋前后四间以为倡"；③该县尚有登云书院，富绅刘仪等倡劝输金数千于咸丰二年（1852）创办，"买靖邑福寿中港余家塅三处田租共壹千壹百余石，河南下街店屋四间，岁收租钱，以为四时课士之费"。④

　　吉安白鹭洲书院自宋代以来，其经费来源主要为田租，代有续增之举。

① 李才栋. 中国书院研究［M］. 南昌：江西高校出版社，2005：306.

② 狄学耕，刘庭辉. 同治都昌县志［O］. 国家图书馆藏本.

③ 吕懋先，师方蔚. 同治奉新县志［O］. 国家图书馆藏本.

④ 吕懋先，师方蔚. 同治奉新县志［O］. 国家图书馆藏本.

作为书院经久之策，"莫如田租"成为书院举办者的共识。但置田之举在清代受到挑战，所谓"今古时势不同，人情忠薄亦异，岁久弊生"，离郡城路途远隔属县，如吉水县、峡江县等地的田租，田遥而费繁，田亩赋则也难以认真清查。"自同治七年郡绅接管，幸经纪得人，稍获余润，犹时虞蠹吏奸佃隐生弊端。为今之计，又莫如置店也。移业就业之举，尚赖有人心因时行之。"考虑到田租的不便，白鹭洲书院将远县的院田出卖，转而购置郡城的店铺，以店租替代田租，移远就近，变田为店，不失为一种因地制宜的好办法。据统计，清同治时期，白鹭洲书院在吉安城内购有店面 12 处，每年可得租钱 327 串，租银 347 两。

安徽祁门东山书院置有店铺 8 处，分处县城内外，"祁春门城内铺屋，买受价银叁拾贰两，城都二图十甲张德元户推入供解；城内丰储巷口铺屋，买受价银壹百壹拾两，黄汉瞻卖，收税壹亩壹分陆厘陆毫；又买受黄君文基地壹备，价银捌两，收税五分四（厘）三（毫）三（丝）；西隅庙文昌宫对面铺屋壹重，买受谢挹清，价银玖拾柒两；东街口塘坊铺屋壹重，价银壹百捌拾两，买受汪可深，收面地税壹亩壹分柒厘零玖丝叁忽，收平地税壹分零捌毫捌丝陆忽；东佳口染坊前后铺屋壹重，价银贰百两，买受马冯氏，收面地平地税壹亩贰分五厘柒毫柒丝陆忽；城外桐木岭下铺屋壹重，与洪胡共业，买受价银柒拾叁两五钱，卖人陈凫中；书院前基地，丈平地贰百步，买受城都三图十甲胡大本户的，名漳祀"。①

## 四、其他经费

作为文化教育机构，部分书院在开展讲学、祭祀、藏书等活动的同时，

---

① 周溶，汪韵珊. 道光祁门县志：卷十八［M］. 台北：成文出版社有限公司，1975：742-744.

还开展了刊刻图书、兴办实业等事务，这些活动也给书院带来一些收入。

1. 刊印图书。刊印图书是书院文化的传统，早在唐代，丽正、集贤等位于宫廷的皇家书院其主要功能即为"刊辑古今之经籍"。自唐以降，书院刊印的书籍内容极其丰富，既有传统的经史子集，也有地方志、书院志、书院课艺等特色文献。晚清时期，一些书院还仿效新闻机构刊印时务之书等。通过出售这些书籍，书院可获得一定的经济利润。据陈谷嘉、邓洪波先生研究，清光绪年间，陕西泾阳县味经书院专门设有出售院中刊书处所印经史、时务等书的售书处，"凡刻成一书，先印五十二部。一呈院长，一存书院，余即发售，不准滥送。董事先开明书若干卷，用某色纸若干张，刷工订线各费共需价若干。除板价不计外，以二分加息，禀院长定价，刊入书目，悬牌院门，不准加价"。①再如陕西泾阳崇实书院，除传习外还有类似于今天大学的校办企业，开办机器纺织局，如有盈余，则将其注入书院束脩、膏火经费之中。

2. 出当典产。据刘艳伟对清代四川南部县档的研究，南部鳌峰书院院产来源中除了书院原有及购得的资产外，还有民间当入和民间充施等两种方式。所谓民间当入，是指"县民经济发生困难时，也会把田产、房屋当与书院，当户无力赎取时，所当田、房就成了书院的财产"。②书院接收民间的当物，开展类似于典当行的业务。一旦出当方违限无法取赎，则用于抵押的田、房等当物归于书院，这是较为稀见的一种书院院产的来源。兴办实业、出典经营等传统书院极为少见的现象在晚清时期少部分地方书院出现，既说明书院文化丰富的区域性，也表明书院变革的序幕随着时代的发展已

---

① 陈谷嘉, 邓洪波. 中国书院史资料: 下册 [M]. 杭州: 浙江教育出版社, 1998: 2332.
② 刘艳伟, 金生扬. 清代的县级书院——以南部县鳌峰书院为中心的研究 [J]. 地方文化研究, 2016 (5).

经拉开。

3.罚款。书院经费除为学田的租谷、发商生息与店租钱外，尚有个别具有鲜明特色的经费来源，比如罚款。北京昌平燕平书院在章程中规定有若干款关于罚款的事项，如"买置书籍器具，除造册报销外，另缮清册一本，盖用州印，付交董事，责成经理稽查。官绅士人，一概不得借出……若董事斋夫私借与人者，分别加倍罚责"；"凡非肄业之人，无论官幕绅士，一概不准在院居住，如违，罚大钱十千，以充经费，仍责令即刻迁出。地方过往差事，尤不准藉作公馆。况昌平为西北口通衢，客官驰驿往来，岁无虚月，如本州失于查察，一经借用，被道宪查出，罚本州大钱一百千，以充经费，仍由州另觅公馆，即日迁移"。[①]与燕平书院相似的还有南昌东湖书院，设于清道光年间的章程规定："书院为肄业之所，无论官绅不得假作公馆，致滋作践。如有徇情允借，及恃势占踞者，按月罚银五十两，以作修葺之资。"[②]每月罚银五十两不可谓不多，书院章程出此规定或不得已而为之，以高额罚款来杜绝书院被霸用为公馆的情况，至于是否真有所谓的罚款，不得而知。

4.劳务。书院经费除田产、银钱等实物或货币外，少数有将牵头首事为书院出力的劳务付出等视为一种经费捐赠，如义宁州聚奎书院对虽未捐资但出力的首事视同为出资，并在书院的崇祀活动中给予崇高地位，"倡建书院出力首事，虽未捐资，亦奖主位以酬其庸，内特主三名：查北枢、詹酉生、陈学平；二分主一名蓝福东；四分主二名查铭玉、莫荣新……"[③]

① 邓洪波.中国书院学规集成：第一卷 [M].上海：中西书局，2011：6.

② 邓洪波.中国书院学规集成：第二卷 [M].上海：中西书局，2011：628.

③ 书院公局.聚奎书院志·原捐 [O].修水县图书馆藏本.

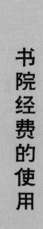

第三章

书院经费的使用

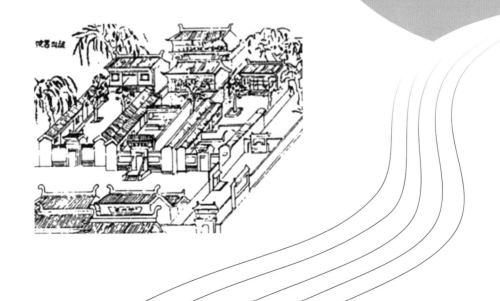

通过接受捐助以及学田租佃、发商生息、店铺出租等多种方式，书院获得了一定数量的经费，这些经费保证了书院的兴建以及建成后的有效运营。"莫为之前，虽美弗彰；莫为之后，虽美弗传"，书院经费的筹措已然不易，其支出与使用也需管理者预为筹划，才能将有限经费发挥应有成效。

# 第一节　书院的基建经费

"院者，周垣也"。书院是有书的院子，书与建筑物的统一，方能称为书院，因此，建筑物必不可少，建筑经费是书院经费开支中最基本的内容之一。书院的基建经费根据建筑物的构造不同主要分为基建用地与建设等二项费用。

## 一、基建用地

作为意向性的存在，人类总是会筹划行为的目的以及实现目的的手段。

在书院建设过程中，无论是由官员还是由地方绅董发出建设书院的倡议后，首先要筹集经费，再根据书院建设目标与经费多寡，选择院址、建设院舍。在书院经费的支出与使用中，购买院址所需土地是所有经费支出中的重要部分。院址建设主要分为二类：一是购买土地；二是购买现成的房屋。

## （一）购买土地以兴建书院

如义宁州土著士绅筹建凤巘书院时即购空地以建院舍。以下是清同治四年（1865）十月士绅与出售方订立的杜卖契，详细记载了空地及购置经费等有关情况：

> 立杜卖基址地土文契人奉新县吴务宝堂寿生同侄镜如、煜人、焕人、伯鸿叔侄兄弟母子叔嫂等，今因住居窎远，乏人照遥，只得合同商议，情愿将祖手遗下之业，坐落土名义宁州城秀水门内周祠左边大菜园基址地土一区，后抵墙外邝姓土为界，……方行请中出卖与义宁州土著鼎建凤巘书院众先生处管业。当日三面言定，实得受时值价钱玖百吊文正。……自卖之后，听凭卖者鼎建书院，修造管业，一卖千休，永无回赎找补……①

## （二）购买现成的房屋，加以改造成书院

书院购置房屋与其他民间房屋买卖并无不同，此类房屋一般而言是绝卖，不准找赎等。如清代陕西西安府长安县有安徽会馆，该会馆即是买杨

---

① 朱点易. 凤巘书院志 [M] //赵所生, 薛正兴. 中国历代书院志: 二册. 南京: 江苏教育出版社, 1995: 771.

姓自有住房。①乾隆时期江西新淦凝秀书院的建设是购屋建院的典型，据存留购屋契据，书院所购不仅是基屋主体，附属的厅房、一切小房及墙砖、木料等均归书院所有：

> 立卖断契。练承思、徐远茂今当创建书院，采买基屋，二家情愿将本名下所有前后厅房、一切小房，周围砖墙门壁窗棂瓦料石料并空基一片，概赁举人廖峻确估时价银壹百两整，当蒙照契给领。一手收足，并无浮冒侵尅抑逼等情。此系出于情愿，日后不敢异言翻悔，所立卖断契是实。乾隆二十五年二月　日立卖契。练承思　徐远茂②

再如义宁州安乡培元书院，建立在"长茅黄泥湾，为万处士华亭先生故宅，吾乡契买修葺而鼎新之，堂庑楼阁，巍焕殊观，课士兴贤，绰有余地"。培元书院是购现有房屋再加以修整，使之成为士子肄业的书院。安乡仁义书院用以购买吴姓基地的基建费用为 390 吊文；位于义宁州城的梯云书院，在客籍绅众的支持下，筹得巨款，于道光二十五年（1845）年契买州治城内铁炉巷基地房屋一进三重，加以整修，逐渐成为客籍移民的中心书院。梯云书院购屋以及相关所费不菲，共去价钱五千五佰吊文，中资、酒席、契税等项共用过钱四佰八十九吊六佰文。等等。

相关史料表明，有的书院不但购屋改造以成书院，同时还将书院周围土

---

① 《陕西安徽会馆录》卷四，北京：学苑出版社，第61页。此卖契主体内容为：立卖住房文契人杨警斋，因为不便今将自己住房通前通后中大庭两进，坐北朝南，坐落长安县五味什子水池一坊，自身情愿凭中说合出卖与安徽绅商名下为会馆。⋯⋯永不找赎，恐后无凭，立杜绝卖契为照。所有房屋地基开列于左。

② 朱一深. 新淦凝秀书院志卷下［M］//赵所生，薛正兴. 中国历代书院志：二册. 南京：江苏教育出版社，1995：339.

地、建筑一并购买，以方便书院办学。如义宁州聚奎书院因进出书院的前路狭窄，不便出行，遂出资将附近田地买下，以拓宽前路，方便出行，也足观瞻，"门前出路余坪向来不宽。光绪庚寅冬，始购就义庆季铺屋菜园及杨刘氏铺屋，概行拆卸，屏以开垣，始觉局势宏敞，足壮观瞻"①。

## 二、建筑及修缮费用

在购得屋基空地或现行房屋后，经理人等按照需要盖屋或修整、扩建，以满足书院办学要求，除了购得院址或房屋外，建筑及修缮的费用在书院建设经费中所占比重不轻。义宁州仁义书院于光绪年间修建，据《光绪仁义书院志》记载②，修建用费有数十种，为说明问题，胪列如下：

1. 起局置办锅甑贫桶铺板碗盏斧锄等件共钱十九吊八百文；

2. 起场筑蓬砖架等项共钱十吊一百二十文；

3. 赁木工琢场田租钱共十吊文；

4. 买大烟砖去钱六百五十三吊一百四十文；

5. 买子烟砖去钱二百一十九吊零六十文；

6. 买泥砖去钱十吊九百文；

7. 买松杉杂木去钱一千三百三十七千六百文；

8. 买瓦钱三百三十六吊一百文；

9. 买石柱、门框、达石枭、天井、押阶、神台、方台去钱五百二十三吊四百文；

10. 补山口硚石钱四吊文；

---

① 书院公局.聚奎书院志[O].修水县图书馆藏本.
② 书院公局.光绪仁义书院志[O].修水县图书馆藏本.

11. 木匠工食共钱三百九十吊零四百文；

12. 木匠装修及神龛主牌炕柜几桌椅凳共工食钱三百三十□零七百文；

13. 锯匠共工食银一百五十三吊四百七十文；

14. 瓦匠盖罩砌朵粉饬共工食钱一百五十八吊一百文；

15. 买铁搁墙挂爪角铁钉门环铁锁等项共去钱十四吊八百三十文；

16. 买竹钉及架簸秆草钱十九吊二百文；

17. 选课与艺匠诸项利敬钱四十一吊二百文；

18. 起梁下脚起中宫犒劳酒肉去钱三十六吊五百文；

19. 迎梁酒席小礼钱八吊五百六十文；

20. 起梁硝爆彩红香饼钱七千三百文；

21. 油漆书院神神龛主牌桌椅香几柜凳等项共去钱一百五十四吊六百八十文；

22. 买石灰并力去钱一百一十八吊八百五十文；

23. 买纸肋去钱六吊七百四十文；

24. 搬树工食力去钱二百八十四吊五百五十文；

25. 雇土工小工工食钱一百零一吊六百三十文；

26. 筑围墙工食钱八吊三百五十文；

27. 大堂文昌阁东西官厅鞭地钱九吊五百二十文；

28. 号桌号凳□钱一十六吊一百文；

29. 买磁顶钱五吊六百文；

30. 制风车砻碓斗斛钱四吊八百六十文；

31. 制架床钱板钱十吊四百文；

32. 续制磁器铜锡钱器等项去钱十九吊三百文；

33. 续买瓦钱五十八吊二百文；

34. 制钟鼓罄钱一十四吊二百五十文；

35. 庚辛壬三载伙食及往来客饭用钱一百五十八吊六百文。

以上有关书院修建用费共 35 项，既包括物料，如砖、瓦、石灰、竹木等，也有人工费，如搬运费、往来工食费等，开支巨大。前述梯云书院，购屋用去 5500 余吊钱，但修整费用也颇为不少，"又修整漆建文昌阁、奎星阁、尊经阁、讲堂、惜字炉、东西斋舍、庖湢站亭、门楼，前后左右围墙，俱已完固，木石砖瓦等料共用过钱一千六百九十二吊文"①，这是在既有建筑基础上的修整，设若新建，其费用可想而知。

# 第二节　书院日常经费

书院落成后，开展礼聘山长、招徕生徒、考课授业、春秋祭祀以及购置藏书、岁时维修等各项活动，从而构成了书院的生活日常。书院的日常经费即是围绕着书院的基本规制、基本活动的开支费用。据岳麓书院文献记载，清乾隆二十八年（1763）湖南岳麓书院日常经费开支主要有：1. 掌教经费，包括束脩银、生辰及节仪、薪水银、开馆酒席银及食米；2. 董理书院教官（监院）膳资；3. 生童经费，包括膏火银、食米、乡试卷资、纸笔钱等；4. 祭祀经费，包括文庙春秋两祭，文庙、朱张祠、道乡祠、六贤祠、文昌阁等五处每月朔望香火银；5. 杂役经费，包括学书、驿道书办、看守门夫、堂夫、火夫等。乾隆五十年（1785），书院增加了正副课生童，开支较过去为多，但主要支出内容没有太大变化。②周汉光在对张之洞与广雅书院关系的

---

① 书院公局. 书院公竣禀请申详［O］//光绪梯云书院志. 修水县图书馆藏本.
② 陈谷嘉，邓洪波. 中国书院制度研究［M］. 杭州: 浙江教育出版社，1997: 428.

研究中发现，清代广东广雅书院的经费支出主要有以下几项：1.院长待遇，包括脩金、薪金、聘仪、贽见、程仪等；2.生童待遇，包括膏火、奖赏、盘川、宾兴等；3.祭费；4.行政费用，包括监院薪脩、斋长津贴、开馆酒席费、礼房纸张费、书办工银纸张费、修理费、官师课午膳茶水费、官师课卷费、门房杂役工食费，十余二十项。①概而言之，书院的日常经费可以分为人员经费与事务费用二大类。

## 一、人员费用

书院支出的人员费用中的人员是指从事书院相关事务之人，其中既有书院内部人员，如山长、监院、生徒、董事等，也有虽不在书院但从事书院事务的院外人员，如清代府州县官衙中的礼书等。据研究，唐宋以来各种书院的职事有 150 余种，涉及书院业务、行政、财务、员工、学生等方面。②书院人员费用主要有以下几类：

### （一）山长经费

书院山长是主持书院的讲授、决定生徒的学业、筹划书院发展的核心人物，亦称院长。书院是讲学与求学之地，是教育人才的场所，山长应是"经明行修，堪称模范者"才能担任，因此山长是书院的灵魂人物，其品性的优劣、学问的深浅，对书院办学质量、办学水平、办学影响有着决定性的作用，所谓"故养而兼教，多士之望萃于长官，而以教为司，广文而外，阙惟

---

① 周汉光.张之洞与广雅书院［M］.广州：广东人民出版社，2012：348.

② 陈谷嘉，邓洪波.中国书院制度研究［M］.杭州：浙江教育出版社，1997：104.

山长"。<sup>①</sup>正因为其重要性，山长经费大都优渥。如长沙岳麓书院，旧规"馆师每年束脩、薪水共银四百四十四两，按季支送。聘金、起馆贽仪、酒席、三节节仪、寿仪，共银四十两，按时致送。舟资脚费、舆金杂费十二两，于续筹加款项下动支，按季致送。置备什物暨凉棚等项，约计银二十余两，于加增膏火项下动支"<sup>②</sup>。如湖北归州丹阳书院清嘉庆时规定，每年支付山长束脩钱 250 千文，薪水钱 60 千文，三节礼钱 8 千文，聘用山长一年的费用是 318 千文。除山长经费外，还有监院、生徒、学长、看司等各种费用，书院一年的总经费是 576 千 600 文，但山长一人经费占比 55%。<sup>③</sup>义宁州凤巘书院光绪时议定山长经费种类丰富，包括束脩等在内共有 7 种之多，其中聘仪银 4 两，另每季奉束脩钱 50 千文，膏火薪水食米钱 8 千文，跟丁火夫工食钱 4 千文，此外还有"三节生辰卷仪礼钱壹拾千文，周年轿金盘费、舟资钱贰拾吊文，贽仪钱叁拾贰千文"。<sup>④</sup>概言之，山长经费主要分为以下几种。

### 1. 束脩

也称作束金、脩金、脩脯、馆金等，原指肄业学生致送给师长的薪金，书院用其指支付给山长的报酬。书院在支付给山长的全部经费中，脩金是主体，其发放方式既有一次性致送的，也有按季礼送的。如北京昌平燕平书院道光二十四年（1844）章程规定："院长每年束脩大钱二百千"<sup>⑤</sup>。河北栾城龙冈书院规定，"延请山长，每岁八九月间，由总理及董事会同邑绅公择

① 王赓言. (清同治) 信江书院志 [M]. 合肥: 黄山书社, 2009: 32.
② 邓洪波. 湖南书院史稿 [M]. 长沙: 湖南教育出版社, 2013: 627.
③ 邓洪波. 中国书院学规集成: 第二卷 [M]. 上海: 中西书局, 2011: 1028.
④ 朱点易. 凤巘书院志 [M]// 赵所生, 薛正兴. 中国历代书院志: 二册. 南京: 江苏教育出版社, 1995: 815.
⑤ 邓洪波. 中国书院学规集成: 第一卷 [M]. 上海: 中西书局, 2011: 4.

科甲出身、学行素著、诗文兼长者，以为多士矜式，择定后禀明本县，具关敦请。……每年致送山长脩金一百二十两，膳金八十两，共银二百两，现计合钱三百千文，按季致送"①。巨鹿广泽书院，"书院掌教脩金制钱一百吊，按四季致送，出自书院生息"②。平乡崇正书院将山长束脩与薪膳合并，"岁奉制钱贰百肆拾千文"③。唐县焕文书院掌教每岁束金制钱180文。遵化燕山书院，"院长每岁束金京平银一百二十两，分季致送"④。黄县士乡书院同治时期山长"每岁束脩大钱壹百贰拾千文，按四月、八月乡城庙地租缴到分两次致送。薪水每岁大钱肆拾千文，自二月开馆起，十一月散馆止，按月致送"⑤。开封彝山书院道光二十三年（1843）重定书院经费规定，院长每年脩金银200两，膳金80两，节仪18两，聘金4两。⑥

### 2. 节仪（节敬）

节仪是指端午、中秋、春节等节日时馈送给山长的银钱，其费不多，但有崇儒重道、尊师重教之意。河北栾城龙冈书院，道光时制定章程规定"三节每节致送山长节礼大钱六千文"⑦。平乡崇正书院，山长"三节节敬共制钱拾捌千文，按节分送"⑧。遵化燕山书院院长"年节敬共东钱二百吊，端阳、中秋各送东钱六十吊，年节送东钱八十吊"⑨。铅山鹅湖书院嘉庆时规

① 邓洪波.中国书院学规集成：第一卷[M].上海：中西书局,2011：13.
② 邓洪波.中国书院学规集成：第一卷[M].上海：中西书局,2011：38.
③ 邓洪波.中国书院学规集成：第一卷[M].上海：中西书局,2011：40.
④ 邓洪波.中国书院学规集成：第一卷[M].上海：中西书局,2011：55.
⑤ 尹继美.士乡书院志[M]//赵所生,薛正兴.中国历代书院志：六册.南京：江苏教育出版社,1995：80.
⑥ 史志昌.彝山书院志[M]//赵所生,薛正兴.中国历代书院志：六册.南京：江苏教育出版社,1995：237.
⑦ 邓洪波.中国书院学规集成：第一卷[M].上海：中西书局,2011：5.
⑧ 邓洪波.中国书院学规集成：第一卷[M].上海：中西书局,2011：40.
⑨ 邓洪波.中国书院学规集成：第一卷[M].上海：中西书局,2011：55.

定院长节礼 18 两，宁冈（今江西井冈山）龙江书院道光时章程规定掌教山长"端午、中秋，每具节敬钱壹仟陆佰文，礼物在外"。①湖北襄樊鹿门书院同治时山长三节仪银各 4 两，全年 12 两。②

### 3. 聘金

聘金是书院初次聘请某学者为山长时的一种礼金，在清代山长初次聘请时致送聘金成为惯例。如河北龙冈书院"又初延山长致送聘金四两，次年留请，不送聘金"。巨鹿广泽书院关聘银 2 两。平乡崇正书院山长聘金和赘敬各有制钱 6 千文。③鹅湖书院山长嘉庆时议定关聘 10 两。④等等。

### 4. 川资

川资是书院山长往返的路费、交通费。有的书院规定山长必须邑外的举贡、进士方能担任，山长非本邑人士，这就涉及往返的车马费用开支，川资即是用以补贴山长这部分支出的费用。昌平燕平书院道光时章程规定："近者大钱二千，远者以六千为率。年终回家路费仿此。"⑤江西新城（今江西黎川）黎川书院同治时规定每年山长"轿费四千文"。⑥有的书院将川资称为迎送盘费，如唐县焕文书院掌教"迎送车价盘费十二千文，如路远不敷，由县捐补"⑦，鹅湖书院嘉庆时议定山长迎送盘费为 12 两，等等。

### 5. 伙食（薪水银）

伙食费指书院用于山长的膳资费用，也称薪水银，用以供应山长在院时的每日膳食。如燕平书院，院长伙食大钱 60 千，按月致送，遇闰伙食加增。

---

① 邓洪波. 中国书院学规集成：第二卷 [M]. 上海：中西书局，2011：749.
② 邓洪波. 中国书院学规集成：第二卷 [M]. 上海：中西书局，2011：990.
③ 邓洪波. 中国书院学规集成：第一卷 [M]. 上海：中西书局，2011：40.
④ 邓洪波. 中国书院学规集成：第二卷 [M]. 上海：中西书局，2011：720.
⑤ 邓洪波. 中国书院学规集成：第二卷 [M]. 上海：中西书局，2011：5.
⑥ 邓洪波. 中国书院学规集成：第二卷 [M]. 上海：中西书局，2011：728.
⑦ 邓洪波. 中国书院学规集成：第二卷 [M]. 上海：中西书局，2011：48.

栾城龙冈书院山长每年膳金 80 两，按季致送。巨鹿广泽书院山长、掌教薪水银 20 两，到斋按月致送。鹅湖书院山长膳资 80 两，黎川书院山长代席 3600 文。等等。[①]

以上是书院山长的主要经费，包括工资（束脩）、补助（节仪、聘金、川资）、津贴（伙食）等，这些费用也是聘用山长的基本费用。除此之外，有的书院山长还有生日寿仪银、随行人员的补贴随丁费等。如黎川书院同治时的章程规定山长随丁费一年 6 千文；白鹭洲书院于同治二年（1863）兴复书院时确定，每年聘请山长薪脯、脩金、镇关、舆费、节礼等费用若干，另"又厨房器具及随丁使费，共钱拾捌串"[②]。

纵观山长经费，主要表现出以下几个特点：一是不同历史时期和不同区域，经费多寡不同，存在着时空的差异性和不平衡性，即使同一所书院也有着前后的不同。以清代福建为例，位于会城福州的鳌峰书院，嘉庆十五年（1810）院长脩脯为每年 600 两，伙食银 120 两，节敬银 30 两，年节代席银 6 两，初到下马席银 3 两，初到三日银 3 两，院长生日并其父母生辰寿礼 30 两，辞馆回籍程仪银 24 两，开馆、散馆代席并吹手乐仪银 30 两，总共 846 两白银；而位于尤溪县治的开山书院，道光三年（1823）详定章程规定，山长每年脩金 100 千文，薪烛钱 20 千文，全年山长经费为 120 千文，扣除银、钱之间的兑换差额，开山书院山长的收入不到 13 年前福州鳌峰书院院长的七分之一，悬殊何啻霄壤。[③]二是经费支出手段呈现多样性，既有银两，也有钱币，有的还用粮谷等实物抵充。随着经济社会发展，至清中晚期，由于白银外流，银贵钱贱，山长经费逐渐表现出以钱为主的趋势。支付

① 邓洪波. 中国书院学规集成：第一卷 [M]. 上海：中西书局，2011.

② 邓洪波. 中国书院学规集成：第二卷 [M]. 上海：中西书局，2011: 742.

③ 邓洪波. 中国书院学规集成：第一卷 [M]. 上海：中西书局，2011.

方式如束脩既有一次性付予，也有分月、分季给送；节仪有一次性致送，也有分三节次序馈送；等等。三是经费开支的内容详略不同。多者有束脩、车马、节仪、寿仪、随丁，等等，有十余款之多，略者仅脩脯一项者也有之。书院山长经费的多寡不同、支付方式不同、开支内容不同，表现出极大的差异性，背后主要取决于书院经费的丰歉程度。办学经费充裕的书院，其山长经费自然充足，也能礼聘到名师主讲席，办学质量相对更高；反之经费紧张，名师不就，生徒寥寥，能就馆者类似于塾师而已，书院水平可想而知。从这个角度看，山长经费的多寡也是观察书院办学质量的重要因素之一。

### （二）生徒经费

书院筹措经费的逻辑起点是为了解决寒士攻读的后顾之忧，被经常拿出来说事的如士之恒心与恒产、士多寒畯，等等，既是实情，也使劝捐书院经费具有世俗的道德价值。"书院之设，聚一邑子弟之秀良者于其中，所以勤道艺、息奔竞也。资用不充，则无以赡其身而绝其外慕；资用充矣，而取之或不尽由乎道，又无以激发其志气，以端其向往之心。"[1]因此，书院经费的使用除礼聘山长外，主要用于肄业生徒身上。"书院为作育人材之地，膏火即生童饔膳之资，膏火不足则无以安其身；劝惩不明又无以警其情。"[2]在生徒经费中，膏火与考课奖赏是其中最重要的二项。

#### 1. 膏火

"有清一代膏火制最盛，在书院经费中，膏火一项占首位。每间书院除建筑院舍之外，筹集膏火，属最重要。其目的在鼓励学子专心向学，寓教养

---

① 陈谷嘉, 邓洪波. 中国书院史资料: 中册 [M]. 杭州: 浙江教育出版社, 1998: 1777.
② 朱霞堂. 潜溪书院志: 卷九 [M] // 赵所生, 薛正兴. 中国历代书院志: 六册. 南京: 江苏教育出版社, 1995: 621.

---

相资之意。"①研究者虽然说的是清代，但自宋至清，膏火费的作用与价值一直为书院举办者所重视。膏火费是书院发给肄业生徒的生活津贴，用以维持士子及其家庭的日常生活开支，以银钱为主，也有谷米等实物，一般按月发放，是书院资助士子的主要形式。②在书院举办者看来，购置学田、发商生息等种种措施，就是为了能够为肄业生徒提供膏火津贴，"书院之有田，以赡膏火也。贫者既艰于自给，富者又不克裹粮来游，则膏火之设莫急于此"。因此，膏火费是书院财政支出的优选项目。如河北大名书院，"课期请道宪点名出题、阅卷，生员额取五十名，前十名各给膏火银壹两陆钱，十一名至三十名，各给银壹两，三十一名至五十名，各给银四钱；童生额取二十名，前五名各给银一两，六名至十名，各给银肆钱，后十名各给银贰钱"。③平乡崇正书院，"生监正课壹拾贰名，每名每月膏火制钱贰千文。副课拾名，每名每月膏火制钱壹千贰百文。计十月，共制钱叁百陆拾千文。童生正课捌名，每名每月膏火制钱壹千伍百文。副课六名，每名每月膏火制钱壹千文。计十月，共制钱壹百捌拾千文。遇闰另发"。④唐县焕文书院，"正课生监二十名，每名每月制钱一千文，童生十名，每名每月制钱五百文，副课并正月间甄别，均无膏火"。⑤遵化燕山书院，"肄业膏火定额，生员二十名，童生八名。……每名每月给东钱三百四十文"。⑥枣强敬义书院，"膏火奖赏，不分正课、斋课，不定超、特、上、次名数，每课随文升降。生员超等、童生上取者，膏火稍优，其特等及中取者，膏火较少，其壹等及次取者，无奖

① 周汉光. 张之洞与广雅书院［M］. 广州：广东人民出版社，2012：346.
② 张劲松. 论清代书院的助学制度［J］. 大学教育科学，2016（1）.
③ 邓洪波. 中国书院学规集成：第一卷［M］. 上海：中西书局，2011：21.
④ 邓洪波. 中国书院学规集成：第一卷［M］. 上海：中西书局，2011：40-41.
⑤ 邓洪波. 中国书院学规集成：第一卷［M］. 上海：中西书局，2011：48.
⑥ 邓洪波. 中国书院学规集成：第一卷［M］. 上海：中西书局，2011：55.

赏。惟卷费则出于书院，每课奖赏膏火，必俟下课点名后连课卷颁发，不到者扣除，所以励勤戒惰"。①深县文瑞书院，"今定为内课生童四十名，住院肄业按月给膏火制钱二百五十文，不住院准给半分膏火"。②黄县士乡书院规定："额取生员正课叁拾名，每名每月给膏火大钱伍百文，共大钱拾伍千文，计拾个月，共大钱壹百伍拾千文；额取生员副课拾名，每名每月给膏火大钱叁百文，共钱叁千文，计拾个月，共钱叁拾千文；额取童生正课肆拾名，每名每月给膏火大钱伍百文，共大钱贰拾千文，计拾个月，共钱贰百千文；额取童生副课贰拾名，每名每月给膏火大钱叁百文，共大钱陆千文，计拾个月，共大钱陆拾千文。"③河南开封彝山书院规定："膏火每年定正课四十名，每名一两；副课六十名，每名四钱。住斋尽外州县诸生，至多三十名，每名给薪水银肆钱。"④

书院发放肄业生徒膏火费的方式并不统一，以清代为例，主要有以下两种方式：一是面向全体肄业生徒按统一标准发给，一是通过考核甄别，数额上有区分地发放，即所谓"设定额，列等级，含有奖励的成分"。按统一标准发放膏火多在嘉庆朝以前，如清顺治年间庐山白鹿洞书院议定包括主洞、副讲、督洞儒官及各色杂费等，其中规定"实住洞生员十名，每名每年给银七两二钱，共银七十二两"。⑤浙江平阳龙湖书院，乾隆年间规定"肄业诸生应给膏火，但书院租息有限，今考入诸生，到馆之日，每年酌给纸笔银五

---

① 邓洪波. 中国书院学规集成：第一卷［M］. 上海：中西书局，2011: 66.
② 邓洪波. 中国书院学规集成：第一卷［M］. 上海：中西书局，2011: 69.
③ 尹继美. 士乡书院志［M］//赵所生，薛正兴. 中国历代书院志：六册. 南京：江苏教育出版社，1995: 80.
④ 史志昌. 彝山书院志［M］//赵所生，薛正兴. 中国历代书院志：六册. 南京：江苏教育出版社，1995: 234.
⑤ 邓洪波. 中国书院学规集成：第二卷［M］. 上海：中西书局，2011: 669.

钱，需银十五两，作二季分发。柴草自行轮流，俟田产有余，此项可免"。①
龙湖书院于同治二年（1863）修订章程，规定考甄别以拔真才，给膏火以
资鼓励，"今定膏火，凡取送肄业者，无论生童，以十个月为度，每月每名
给钱壹两，以资鼓励"。②河南商城文峰书院于乾隆三十三年（1768）定《书
院膏火条规》，规定"肄业生员常年以二十名为率，内设斋长一名，每名每
月支膏火银九钱"。③湖南长沙校经书院于光绪十七年（1891）规定，"肄业
生肆拾肆名，每名每月膏伙银捌两"。④

清中晚期，书院普遍实行对求学生徒考录、考课制度，考录、考课成绩
成为膏火发放的主要依据，"其数则等第有差，隐含有奖励机制"，书院根据
考录、考课情况将生童分为正课、副课生，其膏火标准不同。如贵州松桃县
崧高书院规定："每年十二月扃试生童，拔其文艺优长者，分取正、副课"，
住斋的正课生员每月给米三京斗，膏火钱八百文，住斋的副课生员每名每
月三京斗米，膏火钱六百文，童生则相应减少。⑤广西富川县富江书院于光
绪十年（1884）规定："每年定于二月初一日甄别扃门考试，择日开馆。每
月初一为官课，生员有膏火者十六人，童生有膏火者十四人，每人给钱四百
文，……十一、二十一为馆课，每课生员有膏火者十六人，童生有膏火者
十四人，每名给钱三百文，其前列奖赏由书院支给。"⑥台湾台北学海书院则
严格按照考试情况决定膏火发放对象，"每月官师二课，生员超等一名，给
膏火银二圆，超等二名起，至特等一名止，均一圆，余特等皆伍角，一等不

① 邓洪波. 中国书院学规集成：第一卷 [M]. 上海：中西书局，2011：358.
② 邓洪波. 中国书院学规集成：第一卷 [M]. 上海：中西书局，2011：361.
③ 邓洪波. 中国书院学规集成：第二卷 [M]. 上海：中西书局，2011：956.
④ 邓洪波. 中国书院学规集成：第二卷 [M]. 上海：中西书局，2011：1080.
⑤ 邓洪波. 中国书院学规集成：第三卷 [M]. 上海：中西书局，2011：1598.
⑥ 邓洪波. 中国书院学规集成：第三卷 [M]. 上海：中西书局，2011：1401.

给。童生上取一名一圆，余均伍角，中取、次取不给"。①河南密县桧阳书院于道光五年（1825）详定章程，规定"设正课生员八名，每名每月给膏火钱八百文，不住院者减半"，"取外课生员八名，每名给膏火钱四百文，十个月为率"，"设正课童生八名，每名每月给膏火钱六百文，不住院者减半"，"取外课童生八名，每名每月给膏火钱三百文"。②湖南宁乡云山书院同治年间的章程规定："肄业生童，每月由官课评定正、副。生监正课五名，每名每月米三斗，膏火钱一串，副课五名，每名每月膏火钱八百文。童生正课三十名，每名每月米三斗，膏火钱八百文，副课三十名，每名每月膏火钱六百文，均由首士按发。又推广正课十名，每名每月膏火钱八百文，向由地方官捐廉按发。"③

考录生童的膏火津贴并非一成不变，大多数的书院设官课、师课等制度化的考试，通过成绩甲乙升降而对肄业生童的膏火津贴进行灵活调整。如湖北宜昌墨池书院规定："酌定正副课膏火一百名，正课月给钱一千四百文，额取生监四十名、文章十五名；副课月给钱一千二百文，额取生监三十名，文章十五名；再取又副课八十名，优等者有奖赏而无膏火，以备升补。其升降，以副课三次优等者升正课，正课三次劣等降副课；又副课三次优等升副课，副课三次劣等降又副课。"④湖南浏阳狮山书院道光年间规定："甄别定额，生监正课十名，副课十名，童生正课二十名，副课二十名。……住斋生童有连取三次前三名者，副升正，额外升副，膏火以升课后算发；连取三次后三名者，正降副，副降额外。"⑤

① 邓洪波. 中国书院学规集成: 第三卷 [M]. 上海: 中西书局, 2011: 1741.
② 邓洪波. 中国书院学规集成: 第二卷 [M]. 上海: 中西书局, 2011: 892.
③ 邓洪波. 中国书院学规集成: 第三卷 [M]. 上海: 中西书局, 2011: 1138.
④ 邓洪波. 中国书院学规集成: 第二卷 [M]. 上海: 中西书局, 2011: 993.
⑤ 邓洪波. 中国书院学规集成: 第二卷 [M]. 上海: 中西书局, 2011: 1142.

膏火费是书院基本支出之一，是学田作为书院规制的具体表现，到清代，给肄业生徒发放膏火费是一种极为普遍的做法。书院传统的生徒取录与膏火发放主要有以下五种类型。

（1）甄别后取录，取录的生童无差别地按月发放膏火。

（2）甄别后取录，取录的生与童因身份不同而有差别地按月发放膏火。

（3）甄别后取录，取录的生童不分生童身份而根据每月考课成绩有差别地发放膏火，即不考虑生与童之身份，只考虑生童与生童之间考课成绩的差别。

（4）甄别后取录，根据生童甄别成绩及生童的身份分为内课、外课（或正课、副课，或住院与不住院等）有差别地按月发放膏火，如生监正课、生监外课，童生正课，童生外课，膏火各不相同（甚至副课没有膏火）①，但一经固定，每月不变，即生与生之间正、副课不变，童与童之间正、附课不变。

（5）甄别后取录，根据每月考课成绩的甲乙不同，在生童各自群体内部有差别地发放膏火，生与童之间、生与生之间、童与童之间的膏火每月变化或数月变化，正课可降为副课，副课可升为正课。如山西太原令德书院，肄业"高才生五十名，每名月支膏火银三两，计十个月，共银一千五百两。住院者为内课，膏火全给，不住院者为外课，减半发给"。②湖北襄阳

---

① 如乾隆七年（1742）江西巡抚陈宏谋制定《豫章书院节仪十条》，规定经甄别取录但因在外坐馆授徒等因不能入院肄业的诸生，"仍许于会期副课，副课各生不给膏火，凡与课一次给银一钱，以为课日饭食之费，统于膏火内开销"。副课生会课时的饭食费仍记名在膏火费中开支。再如河北栾城龙冈书院，"生监取在前十二名者，每名每月给膏火大钱五百文。每月膏火以初二日官课为定。每年除正、腊月不课外，以十个月支销，岁需膏火大钱一百三十六千文。其余副课，俱无膏火"。（详见邓洪波著《中国书院学规集成》有关书院章程。）

② 邓洪波. 中国书院学规集成：第一卷 [M]. 上海：中西书局，2011：76.

鹿门书院，"生员一名至五名，每名给膏火银一两二钱，六名至十名银一两，十一名至二十名银八钱，二十一名至三十名银六钱，三十一名至四十名银五钱"。①

在以上五种情况中，第一、二种是将甄别取录的成绩作为膏火发放的标准，后三种都是先甄别取录再根据考课成绩高低来决定膏火的发放多寡，相较而言，后三种将考课的竞争机制引入膏火津贴的发放中来，将考课与膏火挂钩，膏火发放成为一种动态的过程，避免肄业士子一劳永逸，对于提高书院的办学质量有一定的促进作用。如河北遵化燕山书院，"常年膏火原为培养攻苦之士，生童自应按课呈文，以期进益。近有考取甄别，常年住斋，并不考课，实属希图哺啜，贻笑素餐。以后内课生童，官课点名不到或斋课连次不交卷者，立即扣火除名，另由外课补选，不准开复"。②

### 2. 课奖

课奖也称考课奖赏或奖赏，是书院在对生徒学业情况进行定期考核、考课后给部分成员发放的费用。课奖"是一种特殊的掖诱，办法是于月课中按其前列而嘉奖"③。这是除了膏火之外，书院经常性发放给生徒的经费。与膏火普适性的性质不同的是，课奖含有强烈的竞争性，它通过考试的方式，评定考生学业成绩高下，发放对象仅限于考试成绩名列前等的书院生徒，因此，相对于膏火的助学金性质，课奖是奖学金。

书院考课主要有官课、师课两种，官课是指由各级官员出题考核书院生徒水平的方式；师课又称院课、堂课、馆课，是指由山长出题考核书院生童。考课奖赏多在官、师正课时才发放，如河北栾城龙冈书院，每月初

① 杨宗时，崔淦. 同治襄阳县志：卷二［M］. 台北：台湾学生书局，1969.
② 邓洪波. 中国书院学规集成：第一卷［M］. 上海：中西书局，2011：56.
③ 周汉光. 张之洞与广雅书院［M］. 广州：广东人民出版社，2012：347.

二日官课一次，十七日馆课一次。"每月馆课，超取生童奖赏二千文，岁需二十千文。官课奖赏，应本县自备。散课无奖赏。"①平乡崇正书院，"官课生监奖赏每月制钱陆千文，童生奖赏每月制钱肆千文，不拘名数，计十月，共制钱壹百串文。师课代备生监奖赏每月制钱叁千文，童生奖赏每月制钱贰千文，计十月，共制钱伍拾串文。遇闰另给"。②唐县焕文书院，"每月官课，生监考列正课第一名者，奖赏一千文，二名至五名，奖赏五百文，六名至十二名，奖赏二百文，童生考列第一名，奖赏制钱五百文，二名、三名奖赏三百文"。③遵化燕山书院定于每月初二、十六日官课，"届期点名扃试。一文一诗，当日交卷。阅后榜列名次。生员前五名，童生前三名，分别给奖，以示鼓励。生员一名，奖银八钱，二名六钱，三名五钱，四名四钱，五名三钱；童生第一名奖银八钱，二名三钱，三名二钱。每银一钱，折东钱八百文"。④深县文瑞书院，"（内外课生童）奖赏额数，临时酌定，其考取一等一名，奖赏制钱二千文，二名、三名各制钱一千五百文，四名、五名各制钱一千文，二等共若干名，各奖赏制钱五百文，三等无奖赏。童生分上中下卷，奖赏亦如生例"。⑤湖北归州丹阳书院，"官课取生员超等共三名，第一名奖赏八百文，二名以下各赏五百文。特等共四名，第一名奖赏五百文，二名以下各赏三百文。……取童生超等共三名，第一名奖赏六百文，二名以下各赏四百文。特等共四名，第一名奖赏五百文，二名以下各赏二百文"。⑥四川新都龙门书院章程规定："每年课期自三月起至十月止，共八个月，每月

① 邓洪波. 中国书院学规集成：第一卷[M]. 上海：中西书局，2011：13.
② 邓洪波. 中国书院学规集成：第一卷[M]. 上海：中西书局，2011：41.
③ 邓洪波. 中国书院学规集成：第一卷[M]. 上海：中西书局，2011：49.
④ 邓洪波. 中国书院学规集成：第一卷[M]. 上海：中西书局，2011：55.
⑤ 邓洪波. 中国书院学规集成：第一卷[M]. 上海：中西书局，2011：69.
⑥ 邓洪波. 中国书院学规集成：第二卷[M]. 上海：中西书局，2011：1028.

官课一次，堂课二次……官课奖赏文生四名，超等第一名奖赏钱六百文，第二名奖赏钱四百文，第三、四名每名奖赏钱三百文。童生正课奖赏十名，超等第一名奖赏钱六百文，第二、三名每名奖赏钱四百文，第四名至十名每名奖赏钱三百文。"除官课外，龙门书院对由山长出题考试的堂课成绩优异者亦给予一定的奖赏，"堂课每次文生发超等一名，童生发超等三名，每名给奖赏二百文。文生发特等二名，童生发特等四名，每名给奖赏钱一百二十文"。①山东龙口士乡书院规定每月两课，均为由县官出题的官课，"课文取录第壹名者，给奖赏大钱伍百文，贰名、叁名者，给奖赏大钱叁百文"。②

　　需要注意的是，我国古代书院总体存在着经费不足的情况，即便是会城书院也时有经费短缺之虞，如乾隆十五年（1750）山西巡抚阿里衮奏称："（晋阳书院）每年视肄业生徒人数，支用膏火多寡不一，除息银一百余两外，所用耗羡，自四五百两至一千数百余两不等，节经报部在案。第因掌教脩膳初议仅二百余两，不足以延远省名师，诸生膏火每人每日止四分，实不敷用，……"③会城书院尚且如此，地处山野的乡村书院更是所入无多，经费多拮据。院田的租息或难以延请学问优长的山长常年住院讲授，或院舍难以容纳士子在院肄业，讲学授受活动多付之阙如，甚至连考课膏奖也时有拖欠，如义宁州泰交书院举办不到十年，即出现膏奖难以为继的情况，书院几有瓦解之势。④诚如刘伯骥先生所言，"书院课程之中，以考课为最重要。乡邑私立的书院，因经费关系，既无掌教，亦乏膏火，却有月课之制。每月或朔或望，聚士子课文，评定甲乙，奖以笔金。明清两代，此种性质的书院不

① 邓洪波.中国书院学规集成:第三卷［M］.上海:中西书局,2011:1500–1501.

② 邓洪波.中国书院学规集成:第二卷［M］.上海:中西书局,2011:811.

③ 韩永福.乾隆朝书院档案（上）［J］.历史档案,2012（4）.

④ 韩仁溥.泰交书院利弊记［O］//泰交书院志.修水县图书馆藏本.

少，尤其清代乡立书院数量的增加，就是以此种课文式的书院为多"。①在这种情况下，一些书院的功能逐渐退化至只剩考课而已，其他诸如讲学、藏书等都从勉力维持直至完全消亡。通过定期的考课并给予位于前列的士子以奖赏，将膏火与奖赏合二为一，考课并支付膏奖成为这些考课式书院的主要功能。导致这一情况出现的原因，一是书院经费紧张，膏火与奖赏合一，从总体上减少了书院经费的支出；二是科举取士制度的深刻影响。在科举制度影响下的世俗世界，士子攻读之目的在于求取功名，"朝为田舍郎，暮登天子堂"，金榜题名是士子的终极目标。地方乡村书院为迎合这一心理，同时也为提升家族、族群的科举成功率，扩大地方影响，创建书院、按时考课、提供膏奖，训练士子的科举能力，支持、激励士子朝着科举目标前进。膏火与奖赏的合一，既是经费短绌的无奈之举，也是世俗社会需要，在此类书院中甚至有的并不聘请山长，只是将与考生童的课卷请人评阅，如此还可以节省一部分山长相关费用。②这不但是书院功能的弱化，更是一种退化，加速了书院成为科举附庸的进程，同时也加速了近代书院退出历史舞台的步伐。

　　一般而言，由于书院的经费主要来自地方捐输，加之经费有限，无论是官为经营还是民间管理，对肄业士子的籍贯与官学一样有一定的限制，其服务对象也主要是本地士子，这在清代书院的运作中几乎是惯例。但同时在一些经费相对充裕的中心书院，为了提升书院的办学质量，扩大书院的办学影响，在考课实践中对投考生徒的籍贯并无限制性的要求，对考取前列的外地士子一并给予奖赏，这在一定程度上扩大了应课士子的范围。来自不同区

---

① 刘伯骥. 广东书院制度沿革 [M]. 长沙: 商务印书馆, 1939: 339–340.
② 如义宁州聚奎书院规定："课卷当公封就, 随日送呈名宿阅定甲乙, 封赞敬钱贰吊文, 并明年五课共奉束脩钱拾陆吊文。"聚奎书院并不聘请山长, 而只是将应考生的课卷临时请人评阅, 评阅一次的费用为2吊, 全年为16吊, 几乎不到聘请山长的束脩、薪水等费用的十分之一。

域的士子能同场竞技，这对于打破地方书院的各自畛域、扩大士子的受益范围、提升书院的开放程度不无好处。如清代苏州人沈复在《浮生六记》中曾记其于杭州西湖投考崇文书院一事，"桥北数里有崇文书院，余曾与同学赵缉之投考其中。时值长夏，起极早，出钱塘门，过昭庆寺，上断桥，坐石栏上。旭日将升，朝霞映于柳外，其态极妍；白莲香里，清风徐来，令人心骨皆清。步至书院，题犹未出也。午后交卷"。[①]民国时期，北京大学教授何应初在一次演讲中回忆其父投考恒阳书院一事，"贵校的前身是恒阳书院，早年家父常来此应恒阳书院之考试，且常列超等。当时名列超等的得奖金较多，得一两多银子的奖金便能养家，所以我对于书院的印像也很深。……而科举制度呢？……但其与书院有同样的长处，便是不能花若干钱而能求得学问，清贫子弟，只要努力自修即能上达。这与现在所谓贵族教育或资产阶级的教育者，贫家子弟没有求学之资格，不能同日而语了"。[②]这表明，至清代中晚期，一定程度上存在着较为广泛的开放式的书院考课制度设计，士子可以不受籍贯限制自由投考，这既是一次有益的科举模拟，同时也可从考试中获得一定的奖赏，这些奖赏对于寒士维持家庭生计不无少补。

### 3. 宾兴经费

"宾兴"一词出自《周官》，至明清时期以宾兴指为科举襄助之业。本书在第一章第一节中举《红楼梦》第一回贾雨村因路费短缺而无法进京赶考例子，这类情况对于生活困窘的读书寒士来说是较为常见的。今河北望都县文管所内保存了一方清康熙四十四年（1705）由阖县绅耆所立的"科举学田碑"，碑文内容为康熙五年（1666）时任知县张某捐俸置宾兴田的有关事

---

① 沈复. 浮生六记[M]. 兰州: 甘肃人民出版社, 2010: 54.
② 陈静轩, 张一中. 讲演: 何海秋先生讲演词: 讲题: 书院学校科举及文官考试等制度对于作育人才之利弊[J]. 河北省立第七中学校刊, 1933（民国二十二年）(12).

迹，从中可以看出清代寒士艰于资斧而无法赴试的情况，"有志之士既苦于资身无策，而又无所取法，下之遂沉沦于鄙陋颓废之习而不克自振，制举一道，盖绝不谈者，数十年于兹矣……明年癸酉，将赴秋闱，公尊国典举宾兴，而造席者寥寥。问其故，则曰：艰于资斧，不能就道，不敢叨钜典"。①从碑文可知因为缺乏路费盘缠而无法赴乡试的情况颇为常见。因此，为培养、训练科场取胜的应试者，明清时期在文风发达、举业兴盛、竞争激烈的区域，部分经费宽裕的书院除坚持按月举行模拟科考的考课活动外，同时对士子参加各级科举考试给予卷金、川资、花红等方面的资助，帮助寒畯士子摆脱因费用不敷而无法应考的窘境，使书院兼有宾兴助学功能。如贵州务川县敷文书院规定："宾兴义举应拨价值一千两之田，以三年计，可得佃谷价银二百一十两，乡试之年，核人数多寡，按名酌给"，书院专门预留田租作士子参加乡试时的路费之用。②对参加科举考试的书院生童给予一定的经费资助与奖励，是明清书院较为常见的一种活动，其主要内容包括花红、川资等。

花红。"（花红是）清代书院考课奖赏名称之一。"③据此可以将花红理解为书院膏奖的别称，如湖北孝感西湖书院，每课"生员第一名，花红六百文；二名三百，三四五名各花红三百文；童生第一名，花红四百文；二三四五名，各花红二百文。生员无论超、特、一等，人数多寡，膏火总以四十名为止，生童花红，均以五名为止。此皆量入为出，不能随意增减"。④但宾兴意义上的书院花红指给予书院生徒科举考试成功者的特殊奖赏，如

① 王德乾. 民国望都县志［M］//中国地方志集成·河北府县志辑㊵. 上海：上海书店出版社，2006：40.
② 邓洪波. 中国书院学规集成：第三卷［M］. 上海：中西书局，2011：1597.
③ 季啸风. 中国书院辞典［M］. 杭州：浙江教育出版社，1996：706.
④ 陈谷嘉，邓洪波. 中国书院史资料：中册［M］. 杭州：浙江教育出版社，1998：1567.

义宁州聚奎书院，"补廪给花红钱叁吊文；恩岁贡给花红钱陆吊文；优拔贡给花红钱肆拾吊文"；①再如奎光书院，道光时规条明确："州府试案首赏钱四千文，补廪花红钱拾贰千文，补贡、岁贡花红钱捌千文，捐贡不给；优贡花红钱三十千文；乡试中式花红钱六十捌十千文，解倍副半；会试中式花红钱一百二十千文，会元倍之；殿试词林花红钱一百六十千文，鼎甲倍之，主事中书花红钱百四十千文。"②梯云书院称："书院兼寓宾兴，凡入泮补廪恩岁贡生给花红钱六吊文，举人给花红钱贰拾吊文，解元加倍，进士给花红钱肆拾吊文，会元加倍，中书主事花红钱陆拾吊文，翰林给花红钱壹百吊文，鼎甲加倍。"③

川资。川资指交通费用，从岁科试到乡试、会试，尤其是乡试、会试安排在会城与京师，与试者几乎都面临着往返的交通问题，因川资窘困而放弃考试者所在多有，为此一些书院专门安排给予生徒川资经费。如山西苛岚县，"苛岚旧无文社，士子肄业书院而外别无可资养赡。又兼地极贫苦，家多寒畯，每逢大比之年，观光虽有志，而资斧维艰，辄因以阻上进之路，甚可惜也"。④义宁州奎光书院，光绪年间条规规定："贡监生员每届科费钱叁千贰百文，择公正殷实者携至省垣给发。举人会试及拔贡赴朝考每届给京费钱二十四千文，限起程前十日来院给领，倘已经领费因故而不赴京者，着即缴还，如违即作亏欠公项论罚。"⑤河北枣强敬义书院于光绪五年（1879）规定："每逢乡、会试场，帮贴钱粮册书誊录费，京钱五千"，并把时任县令

① 书院公局. 聚奎书院志［O］. 修水县图书馆藏本.
② 书院公局. 奎光书院志：卷六［O］. 修水县图书馆藏本.
③ 书院公局. 光绪梯云书院志：卷一［O］. 修水县图书馆藏本.
④ 李德埏. 光绪苛岚州志［M］//中国地方志集成·山西府县志辑⑰. 南京：凤凰出版社，2005.
⑤ 书院公局. 重修奎光书院册：卷七［O］. 铜鼓县档案馆藏本.

的捐廉生息作为应试举人的川资。①义宁州仁义书院规定："岁、科试文武生童程仪每名给钱壹千文，俟省试回，各首事查核名字，按数给发，不得冒领。……文、武乡试给钱叁吊文，未入闱者减半，回家给发。"②台湾苗栗英才书院规定："其新旧生赴省乡试，每名送给卷金四元，交由送考儒学携至省城给发，其不入闱者，不准滥给。"③河北大名书院规定："乡试年道宪于六月初二日决科，诸生有实在乡试者，准于六、七、八三个月息银内，每月支四十两作为乡试盘资，至京邸验明卷票，按人数计银均分，庶杜冒领之弊。"④义宁州聚奎书院规定："生员贡监应乡试者每名给川资钱肆吊文，录遗后由省垣给发，未录者不给，武减半。"⑤书院的宾兴费用也有变通发放的，如唐县焕文书院以增发膏火作为书院参加乡试诸生的川资，"遇有科场之年，乡试诸生在院肄业者，每名发给二个月膏火，作为盘费，不在院肄业者，同文武会试及武乡试武生，均照在院肄业之生员每名所得之数减半给予"。⑥枣强敬义书院，"每逢乡、会试盘费，另有发当生息之款，届时开发。其宾兴奖赏，由书院开发，官府如另有奖赏，不在其内。皆必真实应试生员，然后准领"。⑦"爵阁督宪李告示：为出示晓谕事。据枣强县方令宗诚禀称：该县文生贫多富少，每逢乡试之年，常苦应试无资。现查有书院地租余钱五百千，该令捐廉五百千，共成京钱一千串，于今年八月初一日发交集诚典当，每月一分二厘生息，计三年对期，可得息钱四百三十二千，每逢乡试之年，六月初一日，著该当呈交。由县先行出示，令士子应试者赴学报

① 邓洪波.中国书院学规集成：第一卷[M].上海：中西书局，2011：66.
② 书院公局.仁义书院志[O].修水县图书馆藏本.
③ 邓洪波.中国书院学规集成：第三卷[M].上海：中西书局，2011：1758.
④ 邓洪波.中国书院学规集成：第一卷[M].上海：中西书局，2011：21.
⑤ 书院公局.聚奎书院志：卷一[O].修水县图书馆藏本.
⑥ 邓洪波.中国书院学规集成：第一卷[M].上海：中西书局，2011：49.
⑦ 邓洪波.中国书院学规集成：第一卷[M].上海：中西书局，2011：67.

名，合计人数，于七月初一日当堂分给。其决科奖赏，仍由每年书院膏火地中提用。"①

除花红、川资外，书院还对科举成功的士子给予名目丰富的经费奖励，如湖北荆门州辅文书院，"文乡试中式者，帮刻朱卷、填亲供等费银三十两。文会试中式者，帮刻朱卷等费银六十两。翻译会试中式者，虽无刻卷等费，亦帮银三十两，领到各出具实收，交掌院协领收存，以备年终查考"。②枣强敬义书院，"每逢乡、会试场，帮贴钱粮册书誊录费，京钱五千"。③晚清义宁州诸书院几乎都有对士子中举的棋匾钱、喜报钱等红费奖励，如聚奎书院规定："登文榜者给棋匾钱四十吊文，解倍副半，武举与文副榜同。点鼎甲给棋匾钱一百六十吊文，主事给棋匾钱一百吊文，中书给棋匾钱八十吊文，即用知县给棋匾六十吊文。入学每名喜报钱三百文，中举喜报钱六百文，进士喜报钱一吊文，词林喜报钱一吊六百文，主事、中书喜报钱一吊二文，即用知县给喜报钱八百文，鼎甲喜报钱三吊文。正途出仕府县喜报钱三百文，司道以上喜报钱一吊文。祗赏头报，余不给赏，武科仕宦类推减半，杂捐不给。"④此类刻卷、棋（旗）匾、喜报等费用与花红奖赏性质类似，是专门用于士子科举成功后的奖励。不过，从目前所见材料看，这些奖励对象仅限于本地士子或曾捐助书院者本人或其后裔。

以上所见各书院对士子参加科举考试给予川资、卷资等专项资助，从而为其顺利完成考试提供切实的帮助，对书院士子来说，不能说是可有可无之举。明清时期，书院宾兴制度的普遍化进一步表明书院与科举关系的日益紧密，大多数的书院进一步发展成为科举考试的预备机构，其传统功能与规制

---

① 邓洪波.中国书院学规集成：第一卷［M］.上海：中西书局，2011：67.

② 希元修.荆州驻防志［M］.林久贵，点注.武汉：湖北教育出版社，2002：118.

③ 邓洪波.中国书院学规集成：第一卷［M］.上海：中西书局，2011：66.

④ 书院公局.聚奎书院志：卷一［O］.修水县图书馆藏本.

有不断退化的趋势。

### 4. 伙食补贴

书院为士子肄业之所，士子若住院，则有一日三餐的需要，为此，一些书院除按月支付膏火外还向住院学生提供伙食补贴，从而减轻其生活压力。这类经费补贴为住院生徒的伙食补贴。

除住院生有伙食补贴外，还有一种为考课日伙食补贴，这是专门用于考课当天的膳食补贴，常见于经费相对充裕的书院，主要是官课时给予的伙食补贴。如河北栾城龙冈书院，每月官课、师课各一次，每月"正课二次，赴课生童，每名饭食大钱四十文"，每课应试生童五六十名至百人不等，全年约需饭食大钱六七十千文。① 南宫东阳书院，"课期应供生童饭食，人众日久，备具恐难丰洁。兹仿照保定莲池书院旧规，分给饭资，每人京钱一百二十文，董事于分卷时按名给予。会课生童茶水，着看守书院人伺候，每课给京钱一千文，以作茶叶、煤炭、甜水工费"。② 巨鹿广泽书院，"（院役）课日预备生童茶水，每课支制钱三百文，以作水火资费"。③ 唐县焕文书院，"每月三次大课，无论生童，给饭钱五千文，均于下月初三日发上月饭钱"。④ 士乡书院课日每名给面食大钱 40 文，计 100 名，每月两课，共大钱 8 千文，以一年 10 个月课期算，全年需要大钱 80 千文。江苏江阴县礼延书院于清同治十一年（1872）规定，"每年甄录生童各百名在院肄业，……定章局门课试，由院供一饭一点，后改散卷，每名给饭资钱一百文，每年计钱四百千文"。⑤

---

① 邓洪波. 中国书院学规集成：第一卷 [M]. 上海：中西书局，2011：15.
② 邓洪波. 中国书院学规集成：第一卷 [M]. 上海：中西书局，2011：37.
③ 邓洪波. 中国书院学规集成：第一卷 [M]. 上海：中西书局，2011：38.
④ 邓洪波. 中国书院学规集成：第一卷 [M]. 上海：中西书局，2011：49.
⑤ 季啸风. 中国书院辞典 [M]. 杭州：浙江教育出版社，1996：705.

### 5. 书院兼职

"学生的自理自治并参与书院的管理乃至教学工作，是书院管理制度的一大特色。"①据研究，书院内部学生职事的设置在宋代时就已经存在，如书院堂长、学长等，被称为"职事生员"，其中最主要也最为常见的是斋长。在一些规模较大的书院，为加强对肄业生徒的管理，除书院院长、监院、首事等人员之外，还会在肄业生徒中聘请少数学问优长、品行端方者协助从事管理事务，其职责主要是"稽察考勤、劝善规过、辨疑析难，同时还帮助管理财产、图书，协办考试事务、发放膏火奖资，甚至稽核斋夫、门役等员工"。②斋长承担这些事务，同时也在书院领取除膏火之外的兼职津贴。如成都华阳县潜溪书院，"书院向无斋长，自迁城内，虽有斋长之名，并未指明何项给予薪水。交局后以局绅不能兼顾，始设斋长专司，要不能枵腹从事。查分县征银向规每银一两加秤一钱一分，作经收之费，核计每年征银之数可得余秤六十余两，经斋长巫显清等禀明，请将余秤银每年拨二十四两给斋长二人舆马之费"。③河南开封彝山书院设斋长二名，每名薪水银 12 两，全年共需银 24 两。④湖北归州丹阳书院，于每年考录甄别后，"首士于内课生员中择其品行端方者，公举一人为学长，每月于膏火外，另给劳资"。学长的职责为稽察在院的肄业生童，"有不勤学励行者，正言规劝"。⑤湖南衡阳船山书院，"斋长以复试取列第一名充任。若第一名不能住斋，以第二名补充。……斋长规定应行职务只有查册、照名发卷、收卷、写榜、发膏火等事。定章每月另送

① 陈谷嘉，邓洪波. 中国书院制度研究 [M]. 杭州: 浙江教育出版社, 1997: 118.
② 陈谷嘉，邓洪波. 中国书院制度研究 [M]. 杭州: 浙江教育出版社, 1997: 119.
③ 朱霞堂. 潜溪书院志 [M]//赵所生, 薛正兴. 中国历代书院志: 六册. 南京: 江苏教育出版社, 1995: 624.
④ 史志昌. 彝山书院志 [M]//赵所生, 薛正兴. 中国历代书院志: 六册. 南京: 江苏教育出版社, 1995: 237.
⑤ 邓洪波. 中国书院学规集成: 第二卷 [M]. 上海: 中西书局, 2011: 1028.

钱壹串，以资补助"。①河南信阳豫南书院设斋长 4 名，"由监院于住院有名之本州举贡生监中选举品行端方、堪资领袖者充当"，每人每节酌送银 4 两，不在膏火之数。②义宁州梯云书院规定在肄业生监生徒中选择老成年长之人，"公举为学长，每年另给钱贰千文。凡生童正务外出禀知山长后，仍告明学长，违者公罚，学长徇情亦公罚"，梯云书院的学长兼有维持学务纪律的职责。③

除斋长外，有的书院因藏书丰富，还专门从肄业生徒中选定兼职司书人员，负责藏书的借阅管理，其性质类似于今日高校图书馆的勤工助学学生。如山西平定州冠山书院，负责书院藏书管理保同司书，由学长一人兼理，住书院，"每年提出生童膏火各半分作为薪水，另由本州每月给炭火杂费钱二千文"。④

以上为书院日常经费中用于肄业生徒的主要经费，其中又以膏火、奖赏为最重要的部分。据刘伯骥对清代广东书院的研究，用于膏火、考课奖赏等助学经费在书院全部经费中所占的份额最大，"其中最高比例为百分之七十点五三（广州粤秀），最低也为百分之二十一点十八（增城鸣皋），一般情况下都在百分之五十左右"。膏奖的意义对于书院而言，是其经费筹措的道德基础，是书院之所以为书院的价值所在。因此，膏火、奖赏也逐渐成为书院最主要的功能之一，是"学田"作为书院基本规制的重要载体。对肄业生徒给予膏火、奖赏等这一助学制度，在明清时期成为一种较为普遍的范式，也正是基于书院为肄业生徒提供较为广泛的资助，使书院成为义学的一种类

---

① 陈谷嘉，邓洪波. 中国书院制度研究 [M]. 杭州：浙江教育出版社，1997：119.
② 朱寿镛. 创建豫南书院志略 [M] // 赵所生，薛正兴. 中国历代书院志：六册. 南京：江苏教育出版社，1995：296.
③ 书院公局. 同治梯云书院志 [O]. 修水县图书馆藏本.
④ 邓洪波. 中国书院学规集成：第一卷 [M]. 上海：中西书局，2011：77.

型，是地方社会义学体系中层次更高的一种，这也是晚清时期众多地方志书编纂者坚持的立场，从中我们可以看出膏火、奖赏、宾兴等书院经费与清代书院高速发展的内在关系。

### （三）监院薪水

书院除山长、生徒外，还有管理书院、服务书院的其他职事人员，其中以监院、董事及各类杂役最为常见，书院均需向这些职事人员支付报酬或津贴。

监院多在由官府经营的书院中设置，以提调书院庶务为主要职责，如生徒的甄别取录与管理、经费的支销、院舍的修缮等，实际上他是由官府派出负责处理书院事务的代表。如河北唐县唐岩书院监院由县学教官担任，"如肄业生童内有嗜酒闲游，不勤攻读者，该监院随时训责。如有不遵约束者，即牒县逐出"。①再如明清时期庐山白鹿洞书院，除山长外，还有由南康府同知、推官、府学教授、星子县学教官等担任书院的督洞一职，甚至在明末清初的一段时期，白鹿洞书院的山长即由这些官员兼任，督洞与主洞合二为一，如明天启时期的李应昇、清顺治时期的范祚，等等。白鹿洞书院的督洞性质与主要职掌即为监院。清代，在府州县办书院中监院一职所在多有，如福州鳌峰书院，"向例大宪于教官中择派一人监理书院事。监院得其人，则出纳清而生徒之廪饩充，约束严而胥役之奸弊绝，书院事可不劳而治，此山长之左右手也。必其人端方廉洁、通晓事体、稽察严明，然后能助山长耳目所不及，相与有成。要以能破除情面、守正不阿、厘饬积玩为最要，非公正明强之士，盖不足以胜斯任也"。②福州致用书院，"以实缺之甲班教授品优

---

① 陈谷嘉, 邓洪波. 中国书院制度研究 [M]. 杭州: 浙江教育出版社, 1997: 113.
② 邓洪波. 中国书院学规集成: 第一卷 [M]. 上海: 中西书局, 2011: 540.

学裕者为之，如甲班乏员，则以大挑举班教职年高学饱品望素著者充之。监院钤记一颗，由司发给，以昭信守"。①开封彝山书院监院薪水银40两。福州致用书院同治十二年（1873）章程规定，监院薪水银每月10两，三节各10两，一年共150两。②等等。

在地方诸务中，书院与官学同属于学务，加之地方教官职低薪薄，所入无多，因此清代书院监院多由地方官学学师兼任，从而贴补教官薪俸不足。由于监院为兼职，因此书院为其支付的薪水远不如山长，具体情况又因各书院经费宽裕程度不一而有较大差别，有的书院监院既有薪水又有节仪，如遵化燕山书院，"委儒学充监院提调，按年每份津贴东钱七十二吊。经理书籍津贴，每份东钱二十四吊"。③有的仅有薪水之费，如北京通州潞河书院，监院老师每月薪水银4两。有的仅有节敬银，如唐县焕文书院，"监院由儒学教谕、训导按月轮流管理，每岁各致送三节节礼，各制钱十二千文"。④河北栾城龙冈书院将节敬银抵作薪水，"两学监院应送薪水，每学每节送大钱四千文，三节岁需大钱二十四千文"。⑤

由于监院多在官办书院或官绅共营、以官为主的书院设立，而在官绅共营、以绅为主或主要由民间力量创办的书院中，负责书院行政、管理等各项庶务的则是董事、首士。我国古代书院出现董事、首士等职事，实施以董事、首士为主要管理人员的制度，深刻地反映了我国古代书院管理由官为主到官绅共营直至以绅为主的转变轨迹，而这一转变伴随着传统社会中士绅力量在地方事务中作用的不断壮大而逐渐形成。晚清时期，在连续的内外战争

---

① 邓洪波. 中国书院学规集成：第一卷 [M]. 上海：中西书局, 2011: 551.
② 邓洪波. 中国书院学规集成：第一卷 [M]. 上海：中西书局, 2011: 550.
③ 邓洪波. 中国书院学规集成：第一卷 [M]. 上海：中西书局, 2011: 56.
④ 邓洪波. 中国书院学规集成：第一卷 [M]. 上海：中西书局, 2011: 49.
⑤ 邓洪波. 中国书院学规集成：第一卷 [M]. 上海：中西书局, 2011: 13.

中地方士绅力量的崛起及地方自治权力的扩大，使得士绅在地方公共事务中具有较大的话语权，书院事务由地方董事、首士负责管理则是这一话语权的具体表现之一。

## （四）董事（首士）经费

董事（首士）是书院中区别于山长（院长）、监院等经理庶务的管理人员。明清时期，随着民间力量在书院捐输、兴建以及管理事务中的作用日益增强，熟悉地方事务、在地方上具有一定影响的士绅逐渐发展为书院庶务管理中的重要力量。不同于山长、院长以及监院等书院职事，董事（首士）由地方士绅担任，董事（首士）基本上为参与书院建设的地方人士，他们多是书院建设的发起人、书院建设的捐助人、书院建设的参与人，并最终成为书院事务的管理者、书院利益的保护者或破坏者。董事责任重大，对于明清时期的地方书院而言，董事是书院日常事务的具体管理者，举凡书院与官员的交涉、院产的经营等均属于首士的工作范围，其中又因为经费的重要性，收支、会计等是首士工作的重心，院产的买卖、租佃，现有货币的生息、店铺的租赁以及随之而来的踩勘、踩看、收纳、支发、登簿、岁修，等等，工作量不可谓不繁重。以院田的租佃为例，由于书院田或由捐赠，或者购置，分布广泛，管理匪易。因此，一些书院要求董事对于这些田产必须亲自踩看，从而知晓田地的具体位置、离水源远近、丰瘠及出产如何，等等，可谓辛劳。"兴修必先筹费，而经理尤贵得人。是役也，傅罗两广文赞成之力居多，而杨生等十二人昕夕在局，或勾稽出纳，或督办工程，自经始以迄落成，毋滥毋旷，至于领簿劝捐，及查勘田地，各首事亦皆协力同心，克勷盛举。"①

---

① 徐凤喈. 莼湖书院志略 [M]//赵所生, 薛正兴. 中国历代书院志: 五册. 南京: 江苏教育出版社, 1995: 156.

董事作用之重要，从江西义宁州书院群的情况可见一斑。

义宁州位于湘、鄂、赣三省毗邻的地区，是江西的西北门户，境内崇山叠嶂，慕阜山、九岭山等纵横交错，地理位置十分险要。义宁州境域十分辽阔，分别与湖南平江、浏阳，湖北通城、通山及本省万载、宜丰等为邻，晚清宣统二年（1910）割本州铜鼓营成立铜鼓抚民厅后（民国时期由厅改县）。据（同治）《义宁州志》记载，道光时期有卢韩氏因脱漏书院租银45两，被清查出租田近31亩。同治八年（1869），经绅首张廷彦等查出田亩具体位置，"禀请州宪陈，指佃照原如数拨归书院，自行经收，仍照旧章，每年每亩完纳十足制钱壹吊贰百文"，这是经书院首士清查出被隐匿多年的院产之一。早在同治五年（1866），书院绅首就对嘉庆时期知州周澍捐赠置的田租进行踩勘，"经踩该田坐落土名安乡九都港东源清明嘴。今另批，仍承租钱陆吊文"。经绅首踩看，发现一处原标记共 17 号的水田有问题，该田位于"泰乡六都二图，民米一斗一升一合。绅首经踩，实系二十一号。该田系州绅捐置，其米概推入添捐户内"。①②经绅首实地清查，厘清学田数额、产出、承佃人等具体情况并使濂山书院的院产得到有效保护，归类记载还有多起，这说明在山多田少的义宁州，每一小块的水田对书院来说都是重要的资产，而山路崎岖、境域辽阔，只有首士的勤勉尽责、不辞劳苦，才能使书院的合法资产得到保护和有效利用。为了做到这一点，有的书院在章程中要求首士遇水旱等自然灾害需要减租等事件时应亲历亲为，不可假于人手。如义宁州仁义书院规定，"各处租田或遇水旱减降，凡田塘培勘堰圳、屋垣损坏之处，务要值年亲身踩看实情，方行补修，多寡不得轻听佃夫、工人虚报，妄费公

---

① 王维新, 涂家杰. 同治义宁州志 [M] //中国地方志集成·江西府县志辑⑮. 南京: 凤凰出版社, 2013: 188–189.

② 本处标计17号是指整个田产共分为17块小单位的田亩, 经清查, 实际上应该是由21个而不是17个的单位的土地组成。

用"。①义宁州聚奎书院,"经理首事须经五都公签,各都总理一名,辅理三名,必择殷实公正勤慎可靠者,以膺斯任,余者不得滥理,致败公素餐"。②安乡培元书院,"各都租钱公同于首事中选择殷实一人收领,每年交纳租钱,务须见领钱首事印票方可付钱,如无印票,徇私交付者公罚赔补。并议租钱一概清讫方可将印票付执,以免站票不付之弊"。③奎光书院规定:"首事四年一举,持廉明公正者四人总理钱谷诸务,至二年冬更换二人,四年冬又更换二人。新旧四人递相承管。各满四年为限。倘有侵蚀短欠,无论年限满否,即着赔补。另举首事四人,轮派一人坐院料理,每年共给俸钱□十千文,给来往书院轿费伙食钱三十千文。倘因公外出及宾客因公来往,费用另给。"④梯云书院要求:"书院置买田业,无论远近,总宜价业相当,总理首事必亲自踩看,与附近生童酌量定夺,不得各分畛域,□□射利,以致书院受亏。"⑤

从上述情况可知,书院董事、首士责任匪轻,更由于他们多经营管理学田等书院资产,直接关系到书院的兴废,因此绝大多数的书院对首士的资格与素质有一定的规定,出任董事者需公正廉明、家道殷实,如清嘉庆年间湖南凤凰敬修书院规定,"书院学田,拣本厅殷实绅士承充首事经理,租课变作纹银,按月将应发银两呈监院支放,年终会同监院造册报销,以凭核销。首事二名,酌给办公银四十两。其修盖斋房,添补桌椅,另支公项造报"。⑥光绪年间,义宁州仁义书院的主持者认为要实现书院培持文教、作养人才的

① 书院公局. 光绪仁义书院志[O]. 修水县图书馆藏本.
② 书院公局. 聚奎书院志[O]. 修水县图书馆藏本.
③ 书院公局. 培元书院志[O]. 修水县图书馆藏本.
④ 书院公局. 奎光书院志[O]. 铜鼓县档案馆藏本.
⑤ 书院公局. 光绪梯云书院志[O]. 修水县图书馆藏本.
⑥ 陈谷嘉, 邓洪波. 中国书院史资料: 中册[M]. 杭州: 浙江教育出版社, 1998: 1618–1619.

目的，必须经理得人，因此书院任事者"务择老成练达、公正廉明之人，足孚众望"，并进一步规定书院首事每年分派轮流经理，并各给轿钱四千文。①"置买产业首事必须踩看，明悉其价，公酌究夺，不得假公济私。各庄产业倘遇水旱虫荒修整堤塍庄屋等项，首事必须亲临踩看"，不得徇情靡费。②安徽旌德毓文书院为本邑巨商谭子文所创建，于嘉庆时订立条规规定："议得设立董事一人，于谭族生监中，择其有身家品行方正者举充，每年经收田租，催收银利，出入账目，支给饭食钱一十六两。"③

随着书院事务的日益复杂，清代一些书院董事根据职责也分为不同类别，有的专司租佃，有的负责出纳，有的职司稽查，等等。如福建同安舫山书院规定，"书院经理财帛者名曰'司出纳'，其接应事务者名曰'斋长'，其查察是非得失者名曰'稽查'。以上三项董事，俱以正途端方绅衿充当"。④河北定州（今河北定州市）定武书院创于乾隆乙卯（1795），咸丰时因权要干预，导致书院连年废弛，遂新议经理章程，再三强调包括延聘山长等书院一切事务概由绅士经理，"书院一切事宜，经官绅议定，俱由绅士经理。所有董事分监院、营造、催收、支发，各司其事。俱要实心经管，勿许推诿懈怠"，其中监院专管供应山长、稽查生童、营造专管岁修之事等。⑤

董事（首士）管理书院事务，并从书院领取相应的薪水报酬或津贴，支付董事费用是清代书院人员经费中常见的一项，其中或统称为薪水，或名之为津贴，不一而足，如清同治九年（1870）年南昌东湖书院章程规定，以

① 书院公局. 光绪仁义书院志 [O]. 修水县图书馆藏本.

② 书院公局. 奎光书院志 [O]. 修水县图书馆藏本.

③ 邓洪波. 中国书院学规集成：第一卷 [M]. 上海：中西书局，2011: 509–510.

④ 邓洪波. 中国书院学规集成：第一卷 [M]. 上海：中西书局，2011: 577.

⑤ 王兰荫. 河北省书院志初稿 [M] // 赵所生，薛正兴. 中国历代书院志：一册. 南京：江苏教育出版社，1995: 314.

南昌县中府、县两学的廪生 4 人轮值管年，首士发给薪水，"首士薪水向系每年九三八平元丝银五十两，今六折，归足银三十两，四位均分，仍按三季分送，又每位每季舆资钱一千文"。①河北栾城龙冈书院，"书院董事四人，以前俱自备资斧，以后若不议给薪水，恐难为继。今议四董事每岁轮流二人，在院常川照料，经理租谷银钱等项，各给薪水大钱十千文，计岁需大钱二十千文"。②遵化燕山书院该管绅董，每份津贴 70 吊。等等。

　　除薪水、津贴外，有的书院还支付董事、首士其他专项补助，如办公的伙食费、往来的交通费等。河北南宫东阳书院，"每年腊月初二日，礼房一人，邀请众首事会集书院，将一年会课、修葺各费，算明登记。如有余钱，仍存典当，无利，以备次年支用。其算账之日，准支京钱八千文，以为众首事餐饭之需"。③巨鹿广泽书院，"议定经管书院首事十二人，分为两班，每班管理一年，……其算账之日准支制钱二吊，以为首事饭资"。④义宁州凤巇书院规定值年首士来院公干，"每年限四月、十月来院，止次二次，夫钱、筋费每十里一来一往，共补钱叁百文，按里例推"。书院后增补章程，除交通费外对值年首事来院办公时给予伙食油盐柴菜米茶纸张等补贴，"每餐归众补钱五拾文。至首事夜酒每位归院给钱拾陆文"。⑤义宁州梯云书院院规明确书院公议总理一人或二人，"长年辛俸及薪米轿费钱五拾千文，凡巨细院务，悉归统摄"。⑥

① 邓洪波. 中国书院学规集成: 第二卷 [M]. 上海: 中西书局, 2011: 627.
② 邓洪波. 中国书院学规集成: 第一卷 [M]. 上海: 中西书局, 2011: 14.
③ 邓洪波. 中国书院学规集成: 第一卷 [M]. 上海: 中西书局, 2011: 37.
④ 邓洪波. 中国书院学规集成: 第一卷 [M]. 上海: 中西书局, 2011: 38.
⑤ 朱点易. 凤巇书院志 [M] // 赵所生, 薛正兴. 中国历代书院志: 二册. 南京: 江苏教育出版社, 1995: 818.
⑥ 书院公局. 光绪梯云书院志: 卷一 [O]. 修水县图书馆藏本.

## （五）礼书费用

在清代州县一级政府的吏员中，礼书主要负责祭祀仪式、寺观、学校（书院）、考试及旌表等职责，相比户房负责收税及司钱库粮仓等相关事务，刑房负责地方治安、诉讼刑狱等，礼房是较为清闲的职位，但清闲的同时也意味着各种陋规收入来源有限。据研究，作为府州县地方政府书吏的一种，礼书的正常收入极为微薄，甚至有材料表明在康熙元年（1662）包括礼书在内的各类书吏薪金全部被取消。①我们注意到清代书院尤其是清代中晚期，随着士绅力量在地方事务中的影响力不断扩大，府州县地方书院中代表士绅力量的董事、首士参与、负责管理书院庶务的比重日益增强，甚至礼聘山长等决定书院重大事务的传统权力至少在官府允准的规章中也交与士绅负责，但是府州县等各级官员通过捐廉倡助、通详立案、呈请议叙、官催捐输、考课启事、定期官课、报销备案甚至委派监院等多种方式，加强对书院的监督与控制。在此过程中，士绅也意识到官府力量对推动包括书院建设在内的地方事务建设必不可少的作用，必须争取并得到官府的肯定与支持，地方义举才有可能成功。为此，在书院由地方士绅自治与官府的控制之间达到一种平衡，最后实现有助于官、绅、士、民诸方面共赢的局面。其中书院在运行过程中与官府衙门中的礼房发生业务联系并支付一定的报酬，成为一种常见的现象，礼房与监院、官课等构成了官府控制书院的三种有效形式。

清代书院在甄别时，一般多由地方官员出题。甄别实际上是一种由官府出面、董事具体负责的入学考试，与甄别取录后的官课性质相同，是一种特殊形式的官课。官课与师课、堂课不同，为以示严肃，书院需请官员命题，命题后一般在考课之日由礼书密封并亲自护送至书院，启门后才能启封公开

---

① 瞿同祖. 清代地方政府：修订译本［M］. 北京：法律出版社，2011：72.

课题。考课结束并经出题官员亲自评定甲乙等级后，由礼书写榜公布，因此礼书是官课过程中不可缺少的人物，是官府和官员的代表，象征着权威性。也正是基于这些工作，书院将给予州县礼房（礼书）一定的公用经费和个人工作补贴，书院费用成为清代州县礼书正常收入的一种来源，也说明书院支付官府书吏一定报酬逐渐成为清代书院的一种普遍制度。如枣强敬义书院，"礼房，每年年终，应由绅董给心红纸笔费十二千"。①平乡崇正书院，"书吏经管解领课卷，支发膏火、奖赏，每年工食制钱拾捌仟文，遇闰加给制钱壹千伍百文。……又三节犒赏，每节制钱壹千文，共叁千文"。②凤巘书院明确礼房经管书院各项事宜，"官、师课期收发课卷、写榜登册、贴榜结课，每年纸张、笔墨、工食钱拾陆千文；甄别送院打散卷资钱贰拾捌千文，月课卷资钱拾陆千文"。③梯云书院对经承礼房全年给予笔资钱 10 千文，除此之外还有甄别散用钱 8 千文、送院散用钱 8 千文，以及全年官课卷资钱（按应课生徒数，每本 12 文）。此外，梯云书院每年的甄别由知州主持，应试生徒需按科举程试要求填写籍贯、廪保等三单，"甄别三单钱拾文，试卷钱五拾文，则由生童赴礼科交买，书院不能另给"。④甄别三单与试卷费虽不由书院负责，但仍是书院创造的州衙礼书的收入之一。

## （六）杂役人员经费

杂役是书院中不可或缺的后勤人员，虽只是负责看守、清扫、厨役等杂务，但也是书院正常运行所必需，为此书院对杂役人员的素质有相应的要

① 邓洪波. 中国书院学规集成: 第一卷［M］. 上海: 中西书局, 2011: 67.
② 邓洪波. 中国书院学规集成: 第一卷［M］. 上海: 中西书局, 2011: 41.
③ 朱点易. 凤巘书院志［M］//赵所生, 薛正兴. 中国历代书院志: 二册. 南京: 江苏教育出版社, 1995: 818.
④ 书院公局. 光绪梯云书院志: 卷一［O］. 修水县图书馆藏本.

求，义宁州仁义书院要求"雇请火夫须择老成忠信之人，厨房内外各项俱经伊手，所出务要严加叮嘱，不许妄费分文，神龛早晚香灯宜加恭敬，殷勤祀奉，堂厅椅桌物件时常打扫检点，毋得偷闲苟安"。①信阳豫南书院设斋夫4名，"每名每月发给工食钱二千文，把门夫一名，每月发给工食钱二千文，扫地夫一名，每月发给工食钱一千五百文。均由监院选择诚实勤谨之人充当，各役执司悉循书院定例，统归监院调度。斋长亦得呼应其应用"。②

书院根据工作职能、岗位性质、任务轻重、工作时限等支付杂役一定的劳务报酬。如湖南道州濂溪书院议定章程，"公议书院既请山长，考取生童肄业，则斋夫照应必不可少，工食按月给发，斋夫得其所资，自不致乏人伺候"，因此议定给予斋夫一年工食钱7200文。③"旧存房地租息，令斋夫催取，每岁给大钱五千"。④河北大名书院，"道礼房、号房、宅门、府学书、书院把门，各给纸张饭食银肆钱，俱按月支发"。⑤平乡崇正书院，"看管书院斋夫一名，每年工食制钱拾捌千文，按月分发，遇闰加给制钱壹千伍百文。又三节犒赏，每节制钱壹千文"。该书院生童以爱惜字纸为由倡议设立惜字公社，得到时任知县汪枚的肯定，经汪批示，同意提书院亩捐之款作为惜字公社雇夫的工食之资，"著按月提给工食制钱壹千捌百文，每年计共提制钱贰拾壹千陆百文，遇闰加给"。⑥唐县焕文书院，有看门打扫夫1名，"岁支工食并折米大钱十四千二百八十文，遇闰加增，每年催租工价大钱

① 书院公局.光绪仁义书院志[O].修水县图书馆藏本.

② 朱寿镛.创建豫南书院志略[M]//赵所生,薛正兴.中国历代书院志：六册.南京：江苏教育出版社,1995：298.

③ 陈谷嘉,邓洪波.中国书院史资料：中册[M].杭州：浙江教育出版社,1998：1807.

④ 邓洪波.中国书院学规集成：第一卷[M].上海：中西书局,2011：6.

⑤ 邓洪波.中国书院学规集成：第一卷[M].上海：中西书局,2011：21.

⑥ 邓洪波.中国书院学规集成：第一卷[M].上海：中西书局,2011：41-43.

五千文，遇乡会试年，均毋庸加增"。<sup>①</sup>蔚县文蔚书院，"院内设立门管一名，每月给工食银五钱"。<sup>②</sup>遵化燕山书院，"看院向设门役一名，每月东钱五吊，饭钱九吊。斋夫一名，火夫一名，每名每月工饭钱七吊二百文，每岁另加经理书籍东钱二十四吊"。<sup>③</sup>枣强敬义书院，有长期雇工与临时性杂役，费用各不相同，"每课礼房一名，茶房一名，每名给饭钱一百文，点心一斤。看门丁，打扫夫二名，每月工食钱三千文"。<sup>④</sup>茶房与门丁因工作时限不同，所以书院支付的薪水也不同。南昌东湖书院，伙夫1人，"每年工食足银七两二钱"，除伙夫外，"书院雇有书房一名，专司收散课卷、造册写案、收租、支发膏奖、管领簿账诸事。又门上一名，专司门户，看守一名，专司打扫走动。每年各工食足银七两二钱，无常缺，有过则革"。<sup>⑤</sup>士乡书院给看院工人饭食费每月大钱1千文，全年12个月，共大钱12千文。<sup>⑥</sup>福建同安舫山书院，同治时院役有院丁1名，"每月工食钱一千六百文，全年十九千二百文，遇闰照给；打扫夫一名，每年工食钱二千四百文"；此外该书院的主要经费来自当地马巷布局抽取的厘金，"鳌背布局设丁两名，每日每人各给伙食钱六十文，每人每年各给辛工钱二十四千文"<sup>⑦</sup>。总体上看，书院支付给杂役人员的主要费用是薪资，支付标准依据工作内容的繁杂程度及工作时限而定，需长年住院且责任不轻的门夫、伙夫等较之扫役所获的薪水要多。经费相对宽裕的书院有时还给予杂役人员除报酬之外的其他费用，以奖励其对书

① 邓洪波. 中国书院学规集成: 第一卷 [M]. 上海: 中西书局, 2011: 49.
② 邓洪波. 中国书院学规集成: 第一卷 [M]. 上海: 中西书局, 2011: 54.
③ 邓洪波. 中国书院学规集成: 第一卷 [M]. 上海: 中西书局, 2011: 56.
④ 邓洪波. 中国书院学规集成: 第一卷 [M]. 上海: 中西书局, 2011: 66.
⑤ 邓洪波. 中国书院学规集成: 第二卷 [M]. 上海: 中西书局, 2011: 629.
⑥ 尹继美. 士乡书院志 [M] // 赵所生, 薛正兴. 中国历代书院志: 六册. 南京: 江苏教育出版社, 1995: 80.
⑦ 邓洪波. 中国书院学规集成: 第一卷 [M]. 上海: 中西书局, 2011: 578.

院的服务，如义宁州凤巘书院因住院肄业生徒众多，设有负责饮食的爨总 1 人，照应居于西边斋舍的肄业生徒，众给工食钱 28 千文，东边斋舍则由书院聘请 1 名能长年在院伺候的伙夫，职责为照应什物、铺垫及炊爨等，每年给工食钱 24 千文，除此之外"并奉文昌宫、魁星阁及下堂油灯、香纸，每年补钱陆千文；又补照油、洗衣钱捌千文"。这表明伙夫除炊事外还有照料院内祭祠甚至为生徒洗衣之责。[①]

书院支付杂役的工食钱以银钱为主，但也有书院并不支付现银（钱），而是将书院的一些产业划给杂役人员耕作，免佃以抵充报酬。如义宁州濂山书院设门役 1 人，"旧额租十二石，每年自佃自收，以为香火工食之资"，就是以租佃书院院田应交租额抵充其工食费用。[②]

### （七）其他人员费用

我国古代书院因地域不同，具有鲜明的地方文化特色，在人员经费支出中除山长、生徒等常见的人员经费外，还有一些仅见于个别书院的极富特色的做法。如清代四川南部县鳌峰书院，其经常性支出除山长聘金、脩金、节礼钱、夫马钱、伙食费、地丁银、礼房纸扎钱、薪水、礼房工食钱、催差饭食钱、看司口粮钱等外，还有岁科试书院向上交纳主考程仪银、主考公费银及生童棚费等。[③]主考程仪银、公费银、棚费实际上是由书院代缴的科考经费，并不常见。此外尚有数例。

---

① 朱点易. 凤巘书院志［M］//赵所生, 薛正兴. 中国历代书院志：二册. 南京：江苏教育出版社, 1995：818.

② 王维新, 涂家杰. 同治义宁州志［M］//中国地方志集成·江西府县志辑⑮. 南京：凤凰出版社, 2013：189.

③ 刘艳伟, 金生扬. 清代的县级书院：以南部县鳌峰书院为中心的研究［J］. 地方文化研究, 2016（5）：62.

福建同安舫山书院建于同安巨镇马家巷，清光绪时有抚恤书院故去生员的妻儿经费，"生员故后，家况萧条，其妻守节抚孤，衣食难度，向院求帮，每名每月给钱一千文，多则三四名，少则二三名，量费佽助"。①同安为宋儒朱子过化之地，仅以此条观之，书院的经费使用充满人文关怀，于地方崇儒向道之风功莫大焉。

汉阳紫阳书院系寓汉徽商所建，经费充裕，规格宏敞。由于汉阳商贾辐辏，人烟稠密，多有风火之虞，嘉庆五年（1800）书院在原有五个水龙的基础上，新建苏式水龙两座，为此时任汉阳知府等出示晓谕，称"（新添水龙之后，）召募水头，宜分别酌给工食也。查水龙要在用之得法，必须召募水头，方克有济。兹水龙二座，应募水头各二名，……并雇募人夫，统共二十二名。每月给银七两，每年共给工食银八十四两。此项银两原系会馆众商按年公捐，应听自行按季给发。至每次赏劳银四两八钱，系匣商公捐，亦听按次赏给，均毋庸官为经理"。②由于水龙保护书院的消防安全，因此民间消防队伍每月开支及扑救火情时的赏劳钱由书院负责，这是同时期其他书院不常见的开支之一。

清代州县书院的官课由知州、知县出题考试生童，此举既是官府加强对书院控制的举措之一，也是书院争取官府支持的途径。为此，每有州县官莅临书院，其随从的开支也是必不可少的。从晚清江西宁冈（今江西井冈山）龙江书院章程看，彼时知县莅院的队伍可谓浩浩荡荡，官威十足。"县宪亲临书院考课，执帖壹名，门包壹千贰佰文，跟班壹名，赏钱捌佰文，礼房壹名，给钱捌佰文，并轿钱在内。跟口贰名，每名给钱贰佰文。大轿肆名，小轿肆名，每名给钱叁佰贰拾文。伞夫壹名，锣夫贰名，挑夫壹名，茶担壹

---

① 邓洪波. 中国书院学规集成: 第一卷 [M]. 上海: 中西书局, 2011: 577.
② 邓洪波. 中国书院学规集成: 第二卷 [M]. 上海: 中西书局, 2011: 1016.

名，每名给钱贰佰肆拾文。其伙食照人数按日给钱陆拾陆文，并歇伙钱在内，余无外费。若请题、礼房写榜送卷，共钱肆佰文。"①所费不赀。

以上有关人员的经费支出并不是普遍现象，是地方书院中较为特殊的情况。其实，书院的人员经费肯定不止于本书所列，甚至一些人员经费并不见于史册，但在传统社会的历史条件下，极有可能发生，如赆送于州县官的节仪、礼敬等。处理好与州县官的关系，争取他们对书院的支持，对书院及经营书院的董事而言至关重要，有若干经费支出，似必不可少，只是不便记载而已。

## 二、祭祀经费

在书院发展演变的历史进程中，有一类书院是从祭祠中逐渐演化而成的。如鹅湖书院，是从纪念鹅湖之会的四贤祠而文宗书院再鹅湖书院；再如位于江西南昌的友教书院，最初为宋代地方人士纪念孔子弟子澹台灭明而设立的友教堂，甚至在具有讲学功能后相当长的一段时间内，仍称澹台祠。江西建昌县（今江西永修）的扶风书院，又称马融书院，由祭祀汉代名儒马融的祭祠而演变成书院。此外如分布在江西萍乡、南昌、大余、修水、九江等地为纪念周敦颐而建立的濂溪书院、宗濂书院、景濂书院等，均由濂溪祠演变而来。②等等。这表明由祭祠而书院是我国古代书院演化的一条基本路径，因此有所谓"书院，讲祠也"的说法。这说明传统书院不但是讲学的场所，同时也具有祠庙的功能，开展祭祀活动是书院的基本功能之一，祭祀是书院的基本规制。书院开展祭祀活动的主要目的，一方面是标举自己的学术追求，

① 邓洪波.中国书院学规集成:第二卷[M].上海:中西书局,2011:750.
② 张劲松.萍乡宗濂书院考略[J].萍乡学院学报,2016(2):1-5.

借所奉人物确立其学统；一方面是对院中学生实施教育。①在书院发展的初期，祭祀一遵庙学之制，所祀与官学相同，并无鲜明特色。随着书院发展地方化、理学化、世俗化、科举化，书院所祭祀对象逐渐丰富多元起来，在规模较大的综合性书院中既有祭祀孔圣的文庙，也有祭祀有功于书院的儒先或名宦的专祠，如白鹿洞书院有文庙、朱子祠，岳麓书院有文庙、朱张祠，等等；其他规模稍小的综合性书院也多有祭祀的场所，定期开展祭祀活动，如江西奉新有董侯书院，"在从善顾溪，康熙间知县董宏毅尝令乡之秀士肄业其中，今祀知县黄虞再、董宏毅、赵知希三人"。②义宁州书院群中普遍存在文昌、魁星祭拜，如濂山书院祭祀周敦颐（濂溪先生）和黄庭坚（号山谷）等。除先师、儒先、名宦、文昌等为书院祭祀的主体外，如前文所述，在江西义宁州、湖南浏阳、安徽徽州等地流行在书院中设立专门放置捐户牌位的主屋，定期开展会日祭祀活动。在不同类型的书院中，更有一种以祭祀为单一规制的祭祀书院，这类书院除祭祀外没有其他功能，似可称之为祭祀式书院。如江西瑞昌的次山书院，是为了纪念唐代寓居本地的著名文学家元结而建的祠堂，院额虽称为"次山书院"，但据田野调查，民间俗称之为"元福主祠"，至今仍在固定时间开展拜祭活动，并形成了颇具特色的由当地不同姓氏负责提供祭祀经费的"二十四夜锣"习俗。③等等。由此可见，伴随书院功能的不断演变，书院祭祀的对象具有不断世俗化、科举化、广泛化的特征。

祭祀活动的开展有相应的程序与要求，其中诸如香烛与祭品必不可少，祭祀活动结束后一般还有饮胙等活动，这些都需要一定的经费。试以清代湖

① 邓洪波. 简论南宋书院的六大事业 [M] // 黎华, 胡青. 中国书院论坛: 第十辑. 南昌: 江西人民出版社, 2017: 238.
② 许应镳, 曾作舟. 同治南昌府志: 卷十三 [O]. 国家图书馆藏本.
③ 张劲松. 九江四书院考略: 兼论书院研究史料与方法 [J]. 九江学院学报, 2019 (4).

南浏阳石山书院为例，石山书院是晚清时期较为典型的乡村书院，与毗邻的该省平江县、江西万载县、江西义宁州等乡村书院一起构成了湘东赣西北区域书院文化圈现象，书院的祭祀文化是其中的鲜明特色之一。石山书院有用于祭祀的建筑群，如书院正殿、魁星阁、乡贤祠、名媛祠等；书院章程规定，除每年春秋二季的例祭外，还有专门举行的"祀会"。祀会的与祭人员需自愿缴纳祀钱后方有资格参加，"有祀钱五串，领会一名；祀钱十串，领会二名；有十五串、二十串者，照五串例领会，每逢乙、庚二年二月初三日，各肃衣冠，与祭赴席。未载捐祀钱者，捐数虽多，无祀会"。①这种祀会类似于地方士绅的雅集活动，不同的是雅集看重与会者的社会地位与声望，祀会则需与会者提供一定的捐赀，类似于现在 VIP 俱乐部的入会门票。根据石山书院议定章程，书院春祭常年只预备牛、羊、猪各一只及其他祭品；秋祭为农历八月十五日，祭席统共为 4 桌。但逢乙、庚特殊年份，则祭席有50 余桌，及其他各项祭费等用钱可达 50 余串。②再如建昌扶风书院祭祀经费来源于专门的祭田，"祭田每年额租一百二十石，其八十石令佃运赴儒学教谕署中，除完国赋外，备供春秋两祭。尚存四十石，积贮书院内，为修葺之资。四围竹木公禁培植，田有定亩，酢有定额，立法可谓尽善。"③

## 三、购置桌椅、书籍等的费用

书院建成后，为满足师生讲学肄业需要，需购置一定数量的教学与生活用品，常见的如书籍、桌椅、床板等。义宁州凤巘书院建有以居生徒的东、西精舍，"精舍每间房给床一张，桌一张，凳二张，箱架一张，编立

---

① 陈谷嘉, 邓洪波. 中国书院史资料：中册 [M]. 杭州：浙江教育出版社, 1998: 1807.
② 陈谷嘉, 邓洪波. 中国书院史资料：中册 [M]. 杭州：浙江教育出版社, 1998: 1808.
③ 狄尚绅, 郭祚炽. 道光建昌县志：卷三 [O]. 国家图书馆藏本.

某房字号，生童不得妄搬，亦不得多搬。倘有损坏或搬出院外，着即赔补"。①凤巘书院有斋舍多间，据此计算，床、桌、凳、箱架不在少数，对书院来说也是一笔不小的开支。梯云书院规定住院肄业生童每位配给床一张、桌一张、凳二张、箱架一只，"尽可敷用，不得争多，至老师厅房及上中堂与客厅、首事局动用摆列器物俱不得搬运，如有搬运，公同责罚。"表明除用于生徒的常规生活用品外，书院还需购置包括山长厅房及其他建筑内的各类器物。②

自北宋以来，藏书被认为是书院的四大规制之一。书院的得名，也因为其早期与修书、藏书有关。在书院发展的早期，如唐代，朝廷设立的书院其藏书之丰富自不必说，民间家族所办书院也都富有藏书，如鼎峙江东的东佳书堂、华林书院等，都以庋藏丰富而闻名。因此，购置图书对书院而言也是一笔不小的开支。仍以凤巘书院为例，光绪时书院所藏之书颇为丰富，有《康熙字典》《御纂七经》《御纂资治通鉴纲目》《御纂科场条例》《大清会典》《钦定学政全书》《东坡全集》《刘氏鸿书》《昭代丛书》《山谷全集》《江西通志》《南昌府志》《广事类赋东山经解》《经学提要》《思不辱斋全集》《闱榻集》等各类书箱45部。③书院藏书的来源，有的是朝廷赐予，有的是官府拨置，有的是士绅捐赠，但对包括凤巘书院在内的地方书院而言，藏书的主要来源是自行购买，这对书院而言也需要一笔不小的开支。

藏书对书院而言具有重要意义，除来之不易、所费不菲外，也是彰显其文化传承与伦理教化意义的重要载体，因此有的书院制定了专门的藏书管

---

① 朱点易. 凤巘书院志 [M] // 赵所生, 薛正兴. 中国历代书院志: 二册. 南京: 江苏教育出版社, 1995: 818.

② 书院公局. 光绪梯云书院志: 卷一 [O]. 修水县图书馆藏本.

③ 朱点易. 凤巘书院志 [M] // 赵所生, 薛正兴. 中国历代书院志: 二册. 南京: 江苏教育出版社, 1995: 734–735.

理规章，如山西平定州冠山书院于光绪十三年（1887）制定书院藏书规条，从规条可知书院藏书颇为丰富，"院中所藏书籍分别经义、子史、治事、词章四种，并卷帙数目及书架物件立册二本，逐页钤印，以一本存署，一本存院。另设木长牌二面，一列书目，一写章程，悬挂讲堂"。① 义宁州梯云书院，"院内书箱另藏一房，分柜收储，每柜加钥。□□□书名、函数，房门加一总钥，其钥匙归首事经管外，□□□回家，柜面房门加刷封条，责成看守书院之人随时照料，每年六月六日或七月七日雇工通晒一次，由首事眼同封锁，如有遗失责令赔补"。可见管理极其严格，也极其郑重。

## 四、卷资、榜册等消耗品的费用

书院在日常运行中会有一定的物资消耗，这类耗材是需要花费银两购买的，其中主要有卷资、榜册等。

卷资与榜册都与书院考课有关。明清时期，考课是书院的日常，绝大多数的清代书院在其章程中都有关于考课的管理规定。如此，则涉及考课所用的课卷，课卷的印制需要一定的成本，有的书院如经费相对充裕的会城书院会自行印制，有的还向应考生徒收取少量的课卷费。但更多的书院出于对考课尤其是官课权威性的考量，在请官员命题进行官课的同时，一并将课卷印制权及考课发榜委于官府衙门，从而需要支付一笔课卷、写榜等方面的经费。如河北无极县圣泉书院，"书院宜设院书一名，即以礼房兼充，以资缮写。官、斋两课试卷，均令该书制备。卷价每本制钱二十文，所用若干本，每月按数向董事支领卷价。所有写题、封门、填榜纸张，亦令该书自办，其

---

① 邓洪波. 中国书院学规集成：第一卷 [M]. 上海：中西书局，2011：77.

费已包于卷价之内，不准另支"。①栾城龙冈书院，"官课、馆课试卷、名册、榜纸，均由礼房备办，岁给纸价大钱二十千文"。②大名书院全年的"卷价贰两"。河北南宫东阳书院，"生课课卷，每本京钱一十文。其亲到册子填榜纸张，礼房备办，每课给纸笔费京钱一千文"。③巨鹿广泽书院，"月课造册填榜纸张，礼房备办，每课支制钱五百文，以为纸笔之费。无课不准支钱"。④平乡崇正书院每年由书吏负责出示造册写榜等事务，"年用纸张制钱陆千文，三节分发"。⑤遵化燕山书院，"生童课卷，每本制钱十文，由礼房备办。近年酌定，每年准领卷价东钱六十吊。如或停课日久，仍照扣领"。⑥山东士乡书院规定，"每课每名散卷壹本，每本大钱陆文半，计壹百本，共大钱陆百伍拾文。每月两课，大钱壹千叁百文，计拾个月，共大钱拾叁千文"。⑦卷资等经费在书院全部经费中所占比重不大，但也必不可少，其多寡主要取决于应课生徒的数量与书院经费情况。将卷资等付与衙门礼书等备办，使礼书在此中也能获得一定的收入，在一定程度上密切了书院与地方官吏之间的联系，有助于书院得到来自官府的支持。

## 五、维修经费

书院建成之后，无论是建筑还是桌椅、床架、围墙、道路，等等，都会

---

① 邓洪波. 中国书院学规集成：第一卷 [M]. 上海：中西书局，2011：19.
② 邓洪波. 中国书院学规集成：第一卷 [M]. 上海：中西书局，2011：14.
③ 邓洪波. 中国书院学规集成：第一卷 [M]. 上海：中西书局，2011：37.
④ 邓洪波. 中国书院学规集成：第一卷 [M]. 上海：中西书局，2011：38.
⑤ 邓洪波. 中国书院学规集成：第一卷 [M]. 上海：中西书局，2011：41.
⑥ 邓洪波. 中国书院学规集成：第一卷 [M]. 上海：中西书局，2011：56.
⑦ 尹继美. 士乡书院志 [M] // 赵所生，薛正兴. 中国历代书院志：六册. 南京：江苏教育出版社，1995：80.

随着时间推移和师生的使用而有磨损、破损、损坏的可能。如书院建筑多用木料，或建于河滨，或建于山林，常遭潮湿、蚁害以及风霜雨雪，极易朽坏。明成化年间，布衣儒士胡居仁曾被聘为庐山白鹿洞书院主洞，他在致周孟中（曾短暂为书院主洞）的信札中询及书院建筑的有关情况。①前后仅十余年，地面建筑已然不存，这说明位于庐山山麓的白鹿洞书院建筑必然要经常面对修缮问题，否则师生何以庇风雨？林金树先生即认为在清末新式学校兴起之前，决定一所学校能否长期坚持的关键在于三个问题：师生食米、祭祀之费和校舍维修之本。②维修经费虽然不如山长束脩、生徒膏火几乎为每月必需开支，但也是书院维持日常运转乃至长远发展中不可或缺的一部分。如明代万历时期，嘉定县书院落成后即置学田三百亩，其出发点在于防止书院落成后不加以岁修而必然衰亡，"则渐圮，圮必废，故为置田三百亩，廛数区，使继今而后者不苦经费，则而作新之举，庶几永有籍焉。"③

为此，多数书院有专门用于岁时维修的经费，如唐县焕文书院，"书院岁修房屋，添补器皿什物，每季不过制钱二千二百文"。④枣强敬义书院，"书院如有岁修，皆由绅董在经费之中支用，须常时照应查理，无致损坏"。⑤再如同治七年（1868），岳麓书院在动用厘金60518串939文之巨修复后，"清理田山、重整规条"，规定以贡院前新建五所房屋租钱作为书院岁修之用，"所有书院应清理事件，当商之院长，会同斋长及监修绅士逐一查明。志载，岁修田惟湖头田三十亩，岁纳租二十七石。现并提道乡祠祭田、洞井

---

① 张劲松. 明儒胡居仁首任白鹿洞书院主洞时间考述［J］. 江西教育学院学报，2013，34（4）：167–170.

② 林金树. 明代私人捐田助学风气的兴起及其作用［J］. 社会科学战线，1990（3）：167–173.

③ 韩浚. 万历嘉定县志：卷三［O］. 文渊阁四库全书本.

④ 邓洪波. 中国书院学规集成：第一卷［M］. 上海：中西书局，2011：49–50.

⑤ 邓洪波. 中国书院学规集成：第一卷［M］. 上海：中西书局，2011：67.

铺田四十亩，岁修租四十八石。除办春秋二祭，及给新设斋夫工食外，馀者概存，以备岁修支用"。①鹅湖书院，"每年修理书院，添盖瓦料、工料银三两四钱七分"。②安徽泾县泾川书院，"书院岁修，计七折钱二十四两"。③江西武宁正谊书院章程专门规定岁修经费来源于生徒膏奖的扣罚等，"院内一切支销每百文俱照市价九二常规。其有扣旷降罚等项即存曾书院岁修粘补之资，年终仍将用账，归入支销数内"。④

　　由于维修取决于修缮对象的多少、破损程度及物价等多重因素，因此所需经费之多寡具有较大的不确定性。为减少人为因素，更好地保障书院经费的合理使用及修理效果，有的书院在章程中对维修及经费使用做出详细规定。如作为天下著名书院，岳麓书院的修缮有着极为严谨的程序，"书院小修理由斋长禀知院长，即雇人兴修，修毕开帐至首士处取钱。大修理则一面禀知院长，一面知会首士公同估工兴修。……书院岁修收支帐目，首士每年三月开单与斋长结算，三年造册一次，册成送院长发交斋长核对相符，即由院长谕监院申送盐道衙门存案"。⑤从报修、估价、支销、登册、存案等都有详细要求，从而减少书院经费被浪费或侵蚀的可能。又如福州鳌峰书院，因地处海滨，常有台风侵袭，房屋易损，所以规定"书院遇有台风损坏，详请估修，或二三年一次，四五年一次，其动用银两，随时酌量盈虚，不能预定"，⑥维修经费只能因时制宜。再如湖北云梦梦泽书院，"（同治元年）书院日就倾颓，自应即筹经费修理。至嗣后岁修如所费仅只一二缗，即由值年

① 邓洪波. 中国书院学规集成: 第二卷 [M]. 上海: 中西书局, 2011: 1055.
② 邓洪波. 中国书院学规集成: 第二卷 [M]. 上海: 中西书局, 2011: 720.
③ 邓洪波. 中国书院学规集成: 第一卷 [M]. 上海: 中西书局, 2011: 507.
④ 何庆朝. 同治武宁县志: 卷十七 [O]. 国家图书馆藏本.
⑤ 邓洪波. 中国书院学规集成: 第二卷 [M]. 上海: 中西书局, 2011: 1056.
⑥ 邓洪波. 中国书院学规集成: 第一卷 [M]. 上海: 中西书局, 2011: 539.

之人动用。如所费较巨，应由值年之人邀齐三十人公同估工商议，不得私自支销"。①湖南醴陵渌江书院，"书院讲堂内外屋宇损坏，门堂夫向首士报知，首士看明，然后倩工来院逐一修整，其所需木料砖瓦，皆岁修备办，至各斋捡盖屋宇及修整床铺桌凳等项工赀，一切出自岁修，食用各斋自备"。②

## 六、国家税赋

从整体上看，学田是我国古代书院主要资产及经费来源，既为粮田，即需要根据国家赋役法规，交纳一定国课，学田等税赋也是书院经费支出的一项内容。如枣强敬义书院，"钱粮按每年银价完纳"。③不过，由于书院所从事的是文化教育事业，是具有崇高道德意义的事业，既关系到封建国家统治的道德、法律、伦理基础，又对稳定地方秩序不无少助，因此对于书院学田所应交纳的国家漕粮等正课也有若干豁免或变通的办法，如江西玉山怀玉书院，系南宋时期朱熹、陆九渊、汪应辰等相与讲学之所，元、明时期主要由县经营，清代书院主要祭祀朱熹，因此，书院得以"照白鹿洞例，蠲免四差银十两八钱一厘，丁祭银二两二钱九分"以及田赋"米贰拾陆石捌斗柒升伍合贰勺"。④再如清代江西义宁州部分书院积极争取地方官员的支持，由地方官捐廉完纳书院院田山地应缴的漕粮正赋及地丁银等国家赋税。据史料记载，义宁州中心书院之一的濂山书院于乾隆八年（1743）获得官拨云岩、洞山二寺田租759石，"除完条漕及拨给普济堂谷壹百石外，余俱作书院经

① 邓洪波. 中国书院学规集成：第二卷［M］. 上海：中西书局，2011：1017.
② 刘青蓁. 渌江书院志［M］//赵所生，薛正兴. 中国历代书院志：五册. 南京：江苏教育出版社，1995：630.
③ 邓洪波. 中国书院学规集成：第一卷［M］. 上海：中西书局，2011：66.
④ 黄寿祺，吴华辰. 同治玉山县志：卷三上［O］. 国家图书馆藏本.

费"。咸丰十一年（1861），经书院山长李镜华暨经理绅首禀恳，时任署州胡樏（号汝霖，顺天通州人，同治十一年八月署任）"按照叶宪交册，捐廉完纳。嗣后历任各宪蒙照成案，凡濂山陆续捐置产业，其钱漕、水脚一概推入宪捐、添捐二户捐廉截串。同治四年，查核二寺，复有剥除租谷，经山长涂家杰暨经理绅首等禀请州宪邓通详立案，起复原租，永不得侵剥升合"。①位于义宁州治的凤巘书院于同治四年（1865）建成后，援濂山书院例于光绪元年（1875）十一月禀恳州宪，"现捐凤巘书院田租应纳钱漕水脚，合邀宪恩赏照前案，批准捐廉完纳截串，尤不胜爱戴之至"，时任知州李嘉瑞批示允准，"本州承乏是邦，情殷教育，所有该书院每年应完正米七石九斗一升五合，地丁银九两二钱四分二厘，准自光绪元年为始，由州完纳截串，勉捐鹤俸，藉励鸿儒"。②清代义宁州部分书院的国家正赋等由州宪捐廉完纳，是咸丰以来的成例，同时亦表明地方官员对书院建设的大力支持，是知州培士气、厚风俗的具体举措，可以理解为官府治理地方的路径之一。需要注意的是，由于书院土地应纳国家赋税由州县官负责，随着书院捐输数量与范围的不断扩大，知州养廉银中用于此项开支的数额也必然处在不断增长的趋势中，这对于地方官员而言显然不是乐见的事实。由于捐输书院的田地可以不用支出漕粮、水脚及地丁银等，对于土地的经营者而言（主要是佃户）可以相应地增加收入，因此将田租捐给书院成为"巧妙"避税而增加收入的有效手段，这无形中使书院的院田等得到扩充，由此书院便在事实上成为一个拥有巨额土地资源的地主，这是包括书院经费在内的书院经济活动研究值得重点关注的动向。

---

① 王维新, 涂家杰. 同治义宁州志 [M] // 中国地方志集成·江西府县志辑⑮. 南京: 凤凰出版社, 2013: 188.

② 朱点易. 凤巘书院志 [M] // 赵所生, 薛正兴. 中国历代书院志: 二册. 南京: 江苏教育出版社, 1996: 713.

## 七、其他费用

书院在发挥其文化教育功能的过程中，还衍生出其他功能，如附设义学。作为一个有着一定资产并发生交易的经济体，书院在运行过程中与其他社会群体有着多种社会活动，这些活动有的需要一定的经费支出，这部分支出有的是书院正常运行所需要的，有的是临时性或偶发性的。总体看，其他费用在书院经费中所占比重较少。

### （一）书院附设义学经费

清代书院有附设义学的情况，其所附设的义学办学层次不一，但主要为蒙学，由书院安排肄业生徒中人品、学识优异者担任义学师，义学师的束脩一并由书院提供。如河北栾城龙冈书院，"书院后身，移建义学一所，向有县属小州村西义学田六十亩，仍归义学。即在肄业生员内，拣选品端学优者一人为师，以此地租大钱三十千文作为脩金，由书院董事按季支送。其学生限十名为止，著董事查明，实系无力从师者，方准送入"。[1]唐县焕文书院，"原议义学先生，每岁由书院拨给三节礼，各制钱九千文；……查义学节礼，应准照旧拨给"。[2]枣强敬义书院，"每年传经义学，请本地举人掌教，束脩伙食共二百四十千，必须品学兼优，不干公事者，常住义学"；"每年养正义学，请本城生员教读，束脩共四十千，必须立品勤于教读之人，常住义学"。[3]山西榆社箕山书院，"光绪六年，知县王家坊以县衙倒塌，将书院略

① 邓洪波. 中国书院学规集成：第一卷 [M]. 上海：中西书局，2011: 14.
② 邓洪波. 中国书院学规集成：第一卷 [M]. 上海：中西书局，2011: 50.
③ 邓洪波. 中国书院学规集成：第一卷 [M]. 上海：中西书局，2011: 66.

加修葺，寓居其中。次年，知县将旧额租田逐一清厘造册，暂议于书院设立义学一所，定额 32 名，择经明行修之士一人为义学师，每月给脩膳 6000文。"①辽宁聚星书院，附办义学，"义学师长训蒙之责即在本邑，于生童中，采访老成谨慎、学品洁纯者，由绅董延订，禀明立案，以昭慎重。义学就业者，童蒙居多，成败未定，全丈师长竭力教诲，勿误人家子弟。每年二月入学，十二月散馆，束脩膏火共市钱四百吊，按月由礼房支取钱四十吊。至上学散馆往返车价，归礼房核实开销，在城住者免去盘费。年终散馆具禀请辞，候批去留。义学师长兼为书院学长，每月给膏火钱四吊，至生童停课时即不发给"。②

此外，有些地方所办义学虽在体制上不附设于书院，但其经费仍由书院提供，如清代江西星子县（今江西庐山）义学，其经费由白鹿洞书院提供，"星子县向无义学，有社学一所，在城隍庙前。明天顺六年，知府王稳建，提学李龄记（载县志）。国朝康熙五十一年，署府蒋国祥始创学舍三间于二贤祠西偏，为星子县义学。查漏官田百十六亩，为经费。雍正六年，将田归洞，义学中废。旋经知府董文伟，于洞租内拨银二十四两，复聚生徒。中间复废。嘉庆八年，知县宁瑞仍于洞田内拨还。蒋公所置田数折银五十两有奇，捐成六十两，详为延师定额"。③实际上，书院向不是其所附设的义学提供办学经费，此类举措的性质相当于向其他机构捐助，只不过因义学与书院具有相同的文化教育的功能而已。除义学外，有的书院还定期向其他组织如佛寺等提供经费帮扶，如四川成都潜溪书院，乾隆时期对同城的静居寺按年给予火银 6 两、住持食米 2 石 4 斗，以及慰忠祠、昭烈庙、节孝祠、龙神

① 邓洪波. 中国书院学规集成: 第一卷 [M]. 上海: 中西书局, 2011: 93.
② 邓洪波. 中国书院学规集成: 第一卷 [M]. 上海: 中西书局, 2011: 108–109.
③ 盛元. 南康府志 [M]. 查勇云, 陈林森, 点校. 南昌: 江西高校出版社, 2016: 205.

祠、武庙、离明祠、江渎庙、县城隍庙的香火银与住持食米、贡院看司工食银米等帮扶经费，总数达数百两之多。①由于这种襄助不是临时性的，因此很难将其定义为捐助，这种常例性的支出对书院来说也是一笔不小的开支。

**（二）捐助费用**

在日常运行中，书院与地方其他组织机构保持着互动，从而构成了观察地方社会的重要视角，为书写整体的区域史提供可能。其中资产与经费的往来，是书院与其他机构互动的桥梁之一。如清代义宁州客籍举办的奎光书院和梯云书院均向州学捐助学田，其中奎光书院"捐助上武乡二十一都土名马迹田租三十五石，以为廪保设局盖戳公费之资。但该业离州百八十里，不便装运，每岁租谷三十五石，折缴钱三十五千文，于岁科试设局之期赴局交兑，其田仍归书院经理，其粮亦归书院完纳。永为助产，禀请立案"；梯云书院也向州学捐助田租三十五石整作为廪保设局盖戳公费。②作为外来移民群体所办书院，奎光书院、梯云书院向州学捐助田租具有多重意义：从政治角度看，其目的是强化移民合法身份与地方认同，提高其政治地位，加强族群内部团结；从文化角度看，表明移民群体对地方文化教育事业发展的首肯及相应承担的责任，从而巧妙地坐实其身份的合法性；从经济角度来看，书院虽捐出部分资产，但也表明书院具有较为宽裕的办院经费，可以持续健康运营下去，这对于吸引客籍绅众的续捐有一定的示范作用；等等。

义宁州书院除捐助州学外，还有书院与书院间的相互捐助，如在前文所述万氏举办的家族成孝书院向凤巘书院捐助经费，并因此在书院中得以崇祀

① 朱霞堂. 潜溪书院志 [M]//赵所生, 薛正兴. 中国历代书院志：六册. 南京：江苏教育出版社, 1995: 573.
② 王维新, 涂家杰. 同治义宁州志 [M]//中国地方志集成·江西府县志辑⑮. 南京：凤凰出版社, 2013: 187.

（捐名第五层）。①

除机构间的捐赠外，义宁州的聚奎书院还对肄业于书院的生徒取中文武生员的，代为捐助州学两学师的束脩，"入文学，自光绪辛丑议定两学束修钱共贰拾捌吊文，武生减半，由经理交兑，本生不得支领"。对书院而言，捐助费用虽与山长束脩、生徒膏火等常例不同，但也属于需要预留的一个支出项目。

**（三）租赁费用**

为办学需要，有的书院有租赁行为及相应的经费支出。如河北巨鹿广泽书院，因书院号舍兼作县试考棚，因此每临县试时需将原住于书院的山长及肄业生徒暂移他处，考毕搬回，"如遇临考前三日，值年婉商山长，另为赁借公馆暂住，俟考毕搬回。其应用房价等费，出自公项"。②这是书院为山长临时赁居的房租费用。福建同安舫山书院因布局抽厘于鳌背地方，布局设有丁役人员，除给予一定的伙食费外，"鳌背局屋一所，每年贴租钱六千文"。③

**（四）公共餐费**

书院在开展祭祀、考课、甄别、核算、开馆、闭馆等人员较为集中的活动时，常由书院安排用餐，因此公共餐费在书院的日常运行中也是必不可少的支出。如河北唐县焕文书院，"监院并经管书院斋长，每课共用席钱一千文，掌教加课，不在此例"。④该院若发生经知县同意的兴作大事，负责此事的斋长、监工由书院提供饭食，"无论人数多寡，为时久暂，总以工料每大

---

① 朱点易. 凤巘书院志 [M] // 赵所生, 薛正兴. 中国历代书院志: 二册. 南京: 江苏教育出版社, 1995.

② 邓洪波. 中国书院学规集成: 第一卷 [M]. 上海: 中西书局, 2011: 38.

③ 邓洪波. 中国书院学规集成: 第一卷 [M]. 上海: 中西书局, 2011: 578.

④ 邓洪波. 中国书院学规集成: 第一卷 [M]. 上海: 中西书局, 2011: 49.

钱百千以上之数，酌给监工饭食大钱十千文，岁修不得援以为例"。①枣强敬义书院在考课时，"每课一名，散点心一斤，另备茶水"；"每课礼房一名，茶房一名，每名给饭钱一百文，点心一斤"；"山长、义学师开课，必须敬备酒席，设燕讲堂"。②山东士乡书院每于课日提供茶水等费 320 文，礼房 2 名礼书给面食钱 80 文，每月两课，全年 10 个月，需要大钱 8 千文。

① 邓洪波. 中国书院学规集成: 第一卷 [M]. 上海: 中西书局, 2011: 50.

② 邓洪波. 中国书院学规集成: 第一卷 [M]. 上海: 中西书局, 2011: 66.

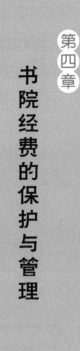

第四章

书院经费的保护与管理

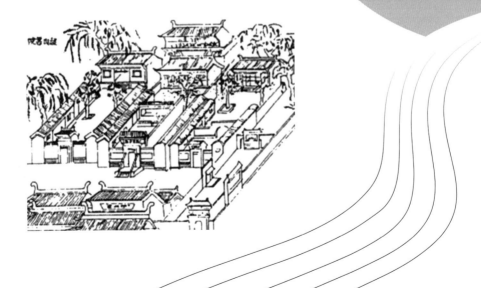

　　无论是经费的捐输还是使用，都涉及经费的管理问题。为充分发挥经费在养士中的作用，在长期的实践中，我国古代书院在经费的管理上制定了极富特色的经费管理制度，发展出有效的书院经费管理模式，形成了一套极富价值的管理体系。

# 第一节　书院经费的保护

　　养士之难既要考虑养之经费来源，也要不断擘画养之经营方略，如果方法得当，则可以以一倍十，如果经营无法、管理不善，则事倍而功半。因此，经常会有书院虽有良田千亩，仍存在经费支绌的情况。如湖北枣阳县有春陵书院，"旧有学田八百余亩，仅足奉山长脩脯，而月课膏火无所出"。[①] 以 800 余亩的田租仅供山长脩金而膏火无所出，不能不令人掩卷浩叹，由此也可知管理经营之于书院的重要性。由于书院经费筹措不易，加之经费对

---

① 陈谷嘉, 邓洪波. 中国书院史资料: 中册 [M]. 杭州: 浙江教育出版社, 1998: 1801.

书院具有决定性的影响作用，因此书院经营者对经营多有保护措施，这成了书院经费管理、经费运用的先决条件。保护来之不易的资产与经费，书院主要做法有以下三类：

## 一、地方志中的书院经费

地方志是由官府主持编纂的地方百科全书，是记录一地的历史、民俗、物产、人物、文化的重要资料集，兼具史志与档案的功能。我国古代地方志的编纂体例多歧，郭嵩焘在《湘阴县图志·例言》中称"地志体例，经始于北宋，至南宋而始备"[①]，从实践来看，所谓"始备"并非指统一的格式而指方志内容的丰富程度。作为自唐代兴起的文化教育组织，"书院"自何时起进入地方志话语中难以考证，南宋时的地方志已有关于书院的内容当无疑义。由于书院的民间性特质，即使是在同一历史时期，不同区域的地方志对书院是否作为志书的内容会有不同的表现。同时，即或是作为志书的内容之一，有时"书院"是依附于"学校"的纲目下的条文，有时是作为"坛遗"的一部分，有时与宫观、祠庙等并列，不一而足。随着对书院重要性认识的不断发展，书院以及书院资产进入地方志成为清代中晚期通行的做法。[②]志书的编纂者普遍认为，将书院资产刊入方志，是一种保护书院财产的有效方式。

清代地方志中的书院内容，一般包括院名、沿革、艺文等，有的寥寥数笔，有的则内容十分丰富，不但有详细沿革与重大事件、重要人物和重要文献，还有详尽的书院资产及收入情况，如田产、佃户或发商生息的租入等，这在清代各地方志中是较为普遍的一种现象。如同治（江西）《安仁县

---

① 王晓岩. 方志体例古今谈 [M]. 成都: 巴蜀书社, 1989: 1.
② 张劲松. 清代义宁州书院研究 [D]. 武汉: 华中师范大学, 2019: 109.

志》卷十九为"书院"，除将存世的有关书院的条目刊志外，还将龙门书院位于县治的田地、铺面等一一详刊。志书的编纂者对不厌其烦地刊载这些枯燥的文字做了解释，"按：一曰田，一曰钱。田以据管，不为纪载，后将无从稽查，虽少必登。……因续修志乘，邀集绅耆公同着议，田则照前续增，钱则多寡不录，拟于志书告竣后另勒贞珉以垂不朽"。[1]表明将书院学田的大小、位置、佃户姓名、每年租谷数量等载入方志的目的，在于让这些宝贵的院产将来不致于流失，刊于官修的志书，意味着这些院田是得到官方的承认，将来若有纠纷，便可以按志索骥，有据可查。同治《武宁县志》卷十七"书院"亦详细刊载本县正谊书院历次捐输田产的坐落方位、大小、佃户姓名、银钱数量及书院经费开销章程等，真可谓至详至细。[2]为保护书院资产不至于因时间变迁而湮没无闻，类似的情况在晚清地方志中较为常见，如江西大庾县（今江西大余县）自宋以来建有道源书院，时兴时废，同治十三年（1874）修《大庾县志》时专门记录自康熙三十二年（1693）至道光十三年（1833）书院所获田产，其中既有知府捐置，也有拨充膏火的岁谷，还有邪教变产充公银641两置买的田租244石5斗，以及天龙寺庵绝产归公田、地方士绅职员乐捐田等。[3]河北枣强书院在将书院建设余款购买土地后，制定了完善的管理办法，按照保甲旧章分六路管理田租，"不由胥吏，不入官府，而择绅士司其出入之数，以综理其成"，可称之为良法。但即或如此，"惟地亩之数与所在之村落，不可不志之以垂久远"。于是方志编纂者不厌其烦地将总数达9顷32亩5分5厘8毫4丝7忽、分布在6路15村的书院院田一一刊入地方志书，今天读来仍令人肃然起敬。

---

① 朱潼. 同治安仁县志：卷十九［M］. 台北：成文出版社有限公司，1989.

② 何庆朝. 同治武宁县志：卷十七［O］. 国家图书馆藏本.

③ 陈荫昌，石景芬. 同治大庾县志卷六［M］，台北：成文出版社有限公司，1989：382.

## 二、书院志中的书院经费

"书院志是以记载书院发展的历史、讲学情况及其管理办法等为主的历史典籍，是一种专志，具有贴近时代、内容丰富、最能真实反映书院的历史状况等特点。"①书院志是地方志体系中记录书院文献的专志，其出现是建立在书院文献日渐丰富的基础上，体例与内容最初参考了方志的格式，因此院产与经费是绝大多数书院志的重要组成部分。如清康熙时期星子知县毛德琦修《白鹿书院志》单列"田赋"卷，他在是卷弁言中称："鹿洞立书院，置田养士，昉于朱子，自是名卿大夫代有增益。然屡经变置，又当山荒水没之界，稽核不严，欲免侵冒，难矣。用将都党及今各佃姓名，逐一详注，以杜侵渔，志《田赋》。"②《白鹿书院志》单列"田赋"的目的就是保护书院资产，防止侵渔。再如长沙岳麓书院，各递修的书院志中亦有"食田""饩田"卷，明代万历时《岳麓志》称："院故有志，所载食田若干顷，以岁久田没于豪家，并其所为志亦毁之。夫院已新之矣，而志乃湮灭弗辑，是使后之有志于食田者无所稽核，而卒就泯泯也，守土之谓何？"③志中刊载食田以避免将来无所稽核，经费无出，可谓用心良苦。清嘉庆时期江西广信知府王赓言编修《信江书院志》，其在条例中称："是《志》也，先以条教，后以文艺，……田舍有图，出入有式，可稽琅琊之稻而杜庙墙之侵，以养以教，众费周给矣，谨为僚属执事志之。"④更有言者，乾隆九年（1744）鹅湖书

① 王华宝. 中国的书院志及其学术价值[J]. 南京晓庄学院学报, 2005, 21（6）: 104.
② 白鹿洞书院古志整理委员会. 白鹿洞书院古志五种: 下[M]. 北京: 中华书局, 1995: 1387.
③ 陈论, 吴道行. 重修岳麓书院图志[M]. 邓洪波, 校点. 长沙: 湖南大学出版社, 2018.
④ 钟世桢. 重修《信江书院志》序[M]//王赓言.（清同治）信江书院志. 合肥: 黄山书社, 2010.

院山长郑之侨在编纂《鹅湖讲学会编》时特附"书田志"1卷，似与全书体例不符，因为会编都是先贤修身体道之书，而附以田亩租数，确有点不伦不类，但在郑之侨看来，"书院既设而无岁租以赡之，育士之意何？此其义可知也，其类不可忽了。额租四百余石，久侵没于豪民浪僧，欲骤而夺其所有，恐积久者殆不可复乎？侨寒俭无力，不能捐清俸置学田，惟时存此作养人材之至意，于争垦不休者置于官，于好义乐施者赏于官，增以新产可计二顷有奇。统合康熙五十一年以后大约得岁谷肆百肆拾余石，运贮官仓，一以给本斋山长俸钱，一以赀诸生膏火。自是讲学行礼，多士日奋兴也。……附于讲学之后，俾知都图有别者，按籍可稽也；东西南北有界者，虑豪强兼并也；载以佃户姓名谷数者，后人查察不至有名无实也"。[①]通过编印书田志，以保护学田不被兼并侵没，使书院经费能真正地养育寒士，其用心可谓良苦，这也进一步表明学田是书院志书中必不可少的重要内容，其目的在于保护书院经费不受侵渔而吞没无存。

由于书院专志是专记书院之事，因此其对书院经费的存记较地方志更加详细，除田地数量、位置、租入、佃户等，为示慎重，彰显公正，有的书院还将乐输院产者的姓名以及院产契据等详细记录在案，如江西义宁州凤巘书院于光绪时刊印志书，于凡例中称："书院经费总为培植人材起见，统以'乐输'为纲而以修费、存费、主费为目。但主费一项则捐买之田产契约本此焉，所有捐数姓名逐一注明，以便稽查"，根据这一原则，在《凤巘书院志》全部五卷中，有关院产的"乐输"占二卷，举凡捐输姓氏、院产数量、

---

① 郑之侨. 鹅湖讲学会编[M]//赵所生, 薛正兴. 中国历代书院志：十一册. 南京：江苏教育出版社, 1995: 199.

契据等纤毫必录。①"志者，所以纪实也"，②从所见的义宁州书院志看，凤
巘书院的做法较为普遍，捐输姓名、院产契据等在书院志中占有相当大的篇
幅，这类具有档案册性质的书院志，其目的即在于存信史、资院政，此即如
《泰交书院志》的编者在交待修志源起时所言："今秋八月，商修院志，非掠
美也，防后患也。文契不载，田有遗漏；捐名不表，考将混争；章程不计，
费多虚糜，院志之宜修者，此其亟也。"防后患、堵遗漏，正是书院志"经
费"部分的意义所在。

　　出于对书院经费的保护，晚清时期江西西北部的义宁州、万载县、萍乡
县等地出现了一种书院志的变体——书院册，其主要内容是捐户姓名和捐产
契据等。书院册的出现从一个侧面反映了这是地方书院为保护来之不易的书
院资产不至于随着时间流逝而散失无存所采用的实用之举，如义宁州《重修
奎光书院志》（亦称《奎光书院册》）全书共七卷，其中捐户与捐产的内容有
4卷之多，可见书院册的编纂者对经费的重视程度。

## 三、刊编专门的书田志

　　书田志是书院志的一种，是专门的书院学田志，主要记载与书院学田相
关的文移、沿革、契据、佃户、产出等。如清代嘉庆十八年（1813）广信
知府王赓言委铅山鹅湖书院山长吴嵩梁编《鹅湖书田志》。其实早在乾隆九
年（1744），铅山知县郑之侨在编纂《鹅湖讲学会编》时即附有书田志一卷，
似是单独编纂书田志，主要是吴氏对存在争议的书院资产大源坑山场通过躬

---

① 朱点易. 凤巘书院志［M］//赵所生, 薛正兴. 中国历代书院志: 二册. 南京: 江苏教育出版社,
　1995: 707–708.
② 周在炽. 玉潭书院志序［M］//赵所生, 薛正兴. 中国历代书院志: 四册. 南京: 江苏教育出版
　社, 1995: 529.

亲履勘，判复给书院，同时"顾惟六十年来坍荒者有减，续置者有增，佃人主名迁易亘异，委籍于吏不足以慎典守，且书院为名贤讲学之区，宜有专志以纪其盛"。[①]因此专门编写书院院田专志，用以保护书院资产。再如光绪五年（1879），河北枣强编修《枣强敬义书院志》，该志又名为《义仓志》。时任枣强知县方宗诚在志序中称，"予宰冀州之枣强，既创建敬义书院，……置地亩以充师生束脩膏火之费，……惧其久而不能守，或为人侵蚀，无可稽考，既刻入县志，申请大府存诸案牍，复将书院地亩、义仓厫数、谷数编为一志，刊布士林，庶几人人可以识察，不使废坠，以无负予教养士民之苦心云尔"。[②]枣强县编纂书院的《义仓志》根本目的与鹅湖书院的《鹅湖书田志》一样，即将院田等刊入地方志尚不足以对书院资产实施完全有效的保护，或者囿于地方志板册有限，所记不能尽详，需要专门的院田志才可以反映书院经费的全貌，从而更好地加以保护。

## 四、书院经费勒石入碑

由于地方志、书院志、书田志等志书的编纂工程都可称为浩繁，需要的费用不少，兼以时间跨度长，需要组织专门的志局、安排专门的经费、聘请专门的字匠，等等，颇为不易。这也是我们在翻阅明清时期地方志时，仅一至二所书院的史料有关于经费的详细记载，更多的是仅存条目而已。相对于曾经存在的书院而言，存世的书院志、书院册则更是少之又少，除去时湮流逝外，根本原因是真正有富余财力编纂书院志、书田志的书院极少。历史上

① 王赓言. 增修鹅湖书田志序[M]//赵所生, 薛正兴. 中国历代书院志: 十一册. 南京: 江苏教育出版社, 1995: 25.
② 方宗诚. 枣强书院义仓志序[M]//赵所生, 薛正兴. 中国历代书院志: 十一册. 南京: 江苏教育出版社, 1995: 1.

对书院经费保护最为常见、相对也更为简便的做法是将院产、经费相关内容刻入石碑，勒石以志，如明弘治十年（1497），江西提学佥事苏葵等重修白鹿洞书院，"十三郡慕风云集者不远千里而来，凡五百有奇。岁入租二百余石，罄于鸠工之费，士皆裹粮，无他贮以给之。三阅月，家单不自赡者日辞去"；为此，苏葵增田数顷以赡士，"苏君惧夫世迈年湮，罔保阙终，乃磨石四通，命予记之，并列田税籍所隶与其顷亩之数于碑阴，一树之院堂，一树之郡斋，一树之察院行台，一树之典学分司，为千万年计也"。①仅据李才栋、熊庆年《白鹿洞书院碑记集》整理，自元代至清白鹿洞书院学田碑记至少有 12 通。②这是因为将学田入碑，是书院生活中最为常见的一种保护措施，即或是白鹿洞书院也不例外。

无论是地方志还是书院志抑或是专门的书田志、书院册中，关于书院院产的记载都十分详细，其中又尤以不动产田、地、山林、铺面等最为详细，如院田（坐落、亩数、四至、水圳及佃户），如地，如山林，如铺面。需要注意的是除记载物理形态的具体特征与数字多寡外，书院文献档案中多有将租佃人员一并刊载的现象。据研究，明清时期，随着土地集中趋势的不断演进，地权的底面之分现象较为普遍，田地的所有权与经营权分离，田底权所有人为业主，无田底而有田面经营权的被称为佃人，底面皆无的为

①　娄性. 白鹿洞学田记［M］//李才栋, 熊庆年. 白鹿洞书院碑记集. 南昌: 江西教育出版社, 1995: 62.
②　李才栋, 熊庆年. 白鹿洞书院碑记集［M］. 南昌: 江西教育出版社, 1995.

佃户等。①②土地生产的丰歉依赖于土地所处的地理位置优劣、自然环境好坏以及耕作者的努力程度。如水田，土壤较为肥沃，有较为便利的灌溉系统、充足的日照，相对而言产量较高；反之土地贫瘠，用水不便，或地处深山坳洼，日照不足，一年仅得一季，或为江河冲积，时隐时现，水冲沙积，其产出则低下或无法保证。我们从小说《白鹿原》中的主人公白嘉轩换地的情节可知田地位置、膏腴与贫瘠的差距：白嘉轩因为风水原因，主动将自己的 2 亩天字号水地兑换鹿子霖家的人字号慢坡地，鹿子霖心里是抑制不住的激动，"只要能把白家那二亩水地买到手，用十亩山坡地作兑换条件也值当。河川地一年两季，收了麦子种包谷，包谷收了种麦子，种棉花更是上好的土地；原坡旱地一季夏粮也难得保收。再说河川地势平坦，送粪收割都省力省事，牛车一套粪送到地里了"。③虽是小说情节，却异常真实。1930 年毛泽东主席在兴国调查发现，兴国县一乡（凌源里）、二乡（永丰圩）、四乡（猴迳）的地租均是 50%，三乡（三坑）大都分为 60%，其原因在于一、二、四乡是塅田，"那一带的山都是走沙山，没有树木，山中沙子被冲入河中，河高于田，一年高过一年，河堤一决便成水患，久不雨又成旱灾。第三乡多是山田，田高于河，虽田亩很小，却雨不怕水，晴不怕旱"。④这说明土地的地理位置对产量有着持续而重大的影响，这也是志书将书院学田的大小、位置、灌溉体系等详细登载的原因。

---

① 陈光焱.中国财政通史：清代卷 [M].北京：中国财政经济出版社，2006：16.

② 费孝通先生依据土地占有理论，将土地划分为田面及田底二层。田底占有者是持土地所有权的人，既占有田底又占有田面的为完全所有者，仅占有田底而无权直接使用土地进行耕种的为不在地地主；仅占有田面而不占有田底的人被称为佃户，佃户既能够把土地租给他人，也可以雇工自己种。（见费孝通：《江村经济》第11章"土地的占有"，上海：上海人民出版社，2006年，121—134页。）

③ 陈忠实.白鹿原 [M].北京：人民文学出版社，1997：35.

④ 毛泽东.毛泽东农村调查文集 [M].北京：人民出版社，1982：201.

影响田地产出的除了土地的自然禀赋外，耕种者对土地的投入与努力是最为重要的因素，土地的生产率随着人们对农田的照料和投入的劳动量变化而波动。这种投入包括为获得收成而使用的各种必要的种子、肥料、生产工具以及对土地有节制的耕种及在此基础上形成的敬畏、感情，等等，"尽管土地的生产率只能部分地受人控制，但是这部分控制作用提供了衡量人们手艺高低的实际标准。名誉、抱负、热忱、社会上的赞扬，就这样全都和土地联系了起来"。①为避免对土地的过度开发和掠夺性地使用，保护土地生产的持续和稳定，业主与佃户或佃人之间逐渐形成一种基于惯习的稳佃关系，即业主允许佃户或佃人拥有长期承佃权（如前文所引岳麓书院有向承佃人收取一定的押租、稳佃钱），业主与佃户均不得无故退佃，基于这一惯例而保障田地生产经营的稳定，使田主与佃户的权利得到一定的保证，此即费孝通先生在开弦弓村调研时所观察到的，在村里，除了例外，土地的耕种者一般保留使用和处理土地的权利，"如果他失去了法定的土地所有权，他必须对持所有权者交地租，持所有权者用所收地租的一部分向政府纳税，在任何情况下，耕种者受法律和惯例保护，使其不离开土地，不受持所有权者的干扰。换句话说，耕种者拥有土地但有一个附带的条件，即与持所有权者分享部分产品"，这种所有权与经营权分离、合作的耕佃模式一直延续到中华民国时期。②从这个意义上说，在书院学田上耕种的佃户也是书院的某种固定资产之一，是书院稳定的经费来源，因此，将他们的姓名载入志书，并不仅仅是保证学田的租入有确定的对象，同时也是保证书院经费有长期稳定来源的有效方式。

---

① 费孝通. 江村经济 [M]. 上海: 上海人民出版社, 2006: 125.
② 费孝通. 江村经济 [M]. 上海: 上海人民出版社, 2006: 47.

# 第二节　书院经费的管理

## 一、制定管理制度

"大凡一种建设，建设费虽多，不过一时支出，至其维持费如修缮费、人事费等等，若不从早计算，以之为每年经常费，则建筑物虽然坚固而美观，最后亦必破烂不堪。"①因此，书院的持续经营有赖于经费的恒常稳定，而要达至这一目标，必须建立完善的经费管理制度，使之有章可循、有法可依，不至于因人废事。

"养士不嫌于过厚，杜弊不厌其过严"，为达到这一目的，我国古代书院在实践中逐渐形成了较为完备的经费管理制度。明清时期，这些制度多寓于书院章程、条规之中，成为书院章程、条规的核心部分。经费管理制度关涉书院的院产管理、经费收支、管理人员等，几乎涵盖了经费相关的一切内容。如福建平潭兴文书院制定《董理条约》共10条，无论是董理择人还是祭祀宜诚敬，多与书院费用有关，其中关于租息、账目、钱项及延师等4条更是与书院经费直接相关，如"（书院）租息宜责追也。书院滩租，有自二月起收，有自八月起收，至次年二月，皆宜扫数完清。即店租、园租等项，亦是年清平款，自应责成董事照数催收。至祭期，须前数日到院赶追，后数日回家。两人协办，不得推诿。每祭贴钱四千文，以为伙食、夫价。倘租息有被霸欠，即会同各董，禀官追究"。②河北无极圣泉书院在条规中明确，

---

① 萨孟武.《红楼梦》与中国旧家庭 [M]. 长沙：岳麓书社，1998：118.
② 陈谷嘉, 邓洪波. 中国书院制度研究 [M]. 杭州：浙江教育出版社，1997：394.

"书院培养人材，必行之久远，方收实效。所存经费，不许借支。倘别有公务，官提此项，众董事具禀力阻。如事关书院，董事巧为附会，擅自借支，即行罚令赔偿，董事除名"。①遵化燕山书院规定，"书院经费，选派老成殷实绅士数人，轮年经管，毋许推诿。如遇事故，另行择举。所有当商生息银钱，由该管绅董，按季支取。玉、丰两邑当商息银，按季由州提取。学田银粮钱项等租，由州派书承征，均发交该管绅董照收"。②栾城龙冈书院规定，"发商生息本银，不准官为提取，亦不准董事私取。今于发本时，取该商切结，嗣后如有官及董事提取，即行缴发，以致亏空无着者，著该商照数赔出，原本照常生息。此结除发房存卷外，并抄二纸，一移学存案，一发存董事。其各商或遇止歇更换，即令顶代之商承领交息。倘有添设当典，准该商等均匀拨办，以昭公允"。③

院田是书院主要的经费来源，因此对土地与田租的管理为书院规章的重中之重，相关文字不厌其详，规定严密周详。如福建尤溪正学书院于清嘉庆七年（1802）制定书田办理章程 17 款，举凡粮户清理、收租画一、发谷章程等巨细无遗，经费稳定，书院经久。④再如福州共学书院于明万历四十六年（1618）制定善后章程款共 12 款，其中 3 条为经费管理，"一、核湮田。院田上人设置甚难，下人侵隐百出，初之不慎，后莫可稽。今将先后所买田地等项，俱以共学书院名立为一户，如闽县应收者，即立共学户于闽县某里某图某户内，各县亦然，仍用板刻图号丘段四至及额租谷之数，田邻业主佃户姓名，具载其中。造一样六本，一存提学道，一府，一理刑馆，一闽县，一侯官，一书院，以防奸户以硗易肥，以狭易广，与夫湮蚀自利者。……

① 邓洪波. 中国书院学规集成: 第一卷 [M]. 上海: 中西书局, 2011: 20.
② 邓洪波. 中国书院学规集成: 第一卷 [M]. 上海: 中西书局, 2011: 56.
③ 邓洪波. 中国书院学规集成: 第一卷 [M]. 上海: 中西书局, 2011: 14.
④ 邓洪波. 中国书院学规集成: 第一卷 [M]. 上海: 中西书局, 2011: 579–581.

一、清租额。院租之难清也，更甚于院田。院田之侵有形，有形而难，院租之侵无形，无形则易。入数既差，出者愈冒，听本府正官行县，立限征收，解府册报，理刑馆按季查核，以杜侵欠"。①今天读来，仍为章程的细致严密赞叹不已。正是这些细致周详的经费管理规定，保证了书院经费的恒常来源，使我国古代书院得以弦歌不辍，绵延千年。

## 二、明确管理人员

官私共营与以民为主的管理模式是我国古代书院的主体，无论是共营还是民营，都需要有相应的人员参与到书院管理事务中来。随着事务发展需要，以及官绅关系的演化，书院逐渐建立起较为完备的董事制度，明确书院董事人员在经费管理中的重要作用及其相应职责，这成为书院经费管理中一种有效的措施。

董事人员需要一定的素养。"董理贵择人也。书院账目事务浩繁，非一人所能料理，前经具禀，公举端洁生员八人作为董事，每年以两人轮值，按科分为先后名次，自二月春祭起承办，至次年春祭后算楚账目，接交次轮。其一年中所有敦请山长，春秋丁祭，完纳国课，催收租息，概系轮值料理。若八人中有高发或事故不及料理者，即别行选择，具禀请允，以便轮值。"②

董事主管经费。如河北深县文瑞书院，"书院一切事宜，业已详明各宪，以州判为提调，学正、训导为监院，选择本地绅士为董事，所有地租制钱一千一百八十六千五百六十四文，钱息制钱一千二百文，概交董事管理收

---

① 邓洪波. 中国书院学规集成：第一卷 [M]. 上海：中西书局，2011：517.
② 陈谷嘉，邓洪波. 中国书院制度研究 [M]. 杭州：浙江教育出版社，1997：393.

支，一切出入支销，永不由州署经手"。①蔚县文蔚书院为书院经费免遭侵渔，议定"今允绅士公议，不留生息银两，以免挪移，亦不许吏胥经手，以杜弊窦。每年请学师公举斋长之公正者二人，经管一切出纳账目。一年满后，即行另举交代轮管。如经管之人有所侵用，许接管者立即禀追。至肄业诸生内亦设立斋长二人，经理院内膏火细务，庶几垂之永久，免致化为蒙馆义学，不负诸君子创建之苦心也"。②贵州清平县书院田"共载秋粮八亩二分，屯粮三亩，垦粮一亩，归书院过割上纳。酌派首士轮流收管贮仓，作山长束修及生童膏火。有案。"③河北定武书院专门有"催收"和"支发"董事，"公议绅士，专管催收之事，认明租户，照数收纳，交存公所，不得无故增减更换。如有拖欠，禀官究追"。④

董事经管有一定的规程。如湖北云梦县云梦书院于清同治议定条规，明确书院经管之人的上交下接的有关细则，"每年更替之人，由上届经管者，于三十人内酌量三人，禀官存案，限正月内与接管之人在书院将账目核算明白，交代清楚。即有佃欠未清，亦归接管之人催收，不准藉词宕延。如上届之人账目不清，接管者含糊收受，嗣经他人查出，惟下届接手之人是问。下届之人或侵蚀钱文，惟上届交卸之人是问"。⑤

董事有一定的津贴补助。如义宁州凤巘书院规定，"首士每年两乡轮流五六人，由本乡端人自行公举廉正之士接理，不准替代，亦不准藉院干涉外事。每年二月移交，在院一日，各尽其长，无贻尸位之诮，倘有不洁致招物

---

① 邓洪波. 中国书院学规集成: 第一卷 [M]. 上海: 中西书局, 2011: 69–70.
② 邓洪波. 中国书院学规集成: 第一卷 [M]. 上海: 中西书局, 2011: 54.
③ 书院公局. 光绪贵州清平县志: 卷五 [O]. 国家图书馆藏本.
④ 王兰荫. 河北书院志初稿 [M] // 赵所生, 薛正兴. 中国历代书院志: 一册. 南京: 江苏教育出版社, 1995: 315.
⑤ 邓洪波. 中国书院学规集成: 第二卷 [M]. 上海: 中西书局, 2011: 1017.

议，即行公斥另举，其或宦游及年老身故者后嗣，克肖公举，接理无异，否则不得世及。值年首士每年限四月、十月来院，止此二次，夫钱、盘费每十里一来一往共补钱叁百文，按里例推。山长入院，只宜商酌一二来院迎接，面陈院规，此外有关书院要务，函请相商，值年来往亦开夫费、伙食，若值年不到院任事及不因院务到院者，不得开消各项，其不在值年者，除会集一次，不必来院"。①

## 三、学田及其租佃管理

我国古代书院虽也有诸如发商生息、店铺租金等经费来源，但土地仍占经费的主要部分。书院拥有土地而不自行耕作，通过收取田租维持运营，从而在事实上成为靠收取租金而存在的地主。"拥有土地者出租给别人耕种时，索取使用土地的报酬，于是产生了'地租'这一范畴。在当时的自由土地市场上，这是必然的结果。出租土地之人，不会白让他人使用，一定要索取报偿，而租入土地之人因为土地有其生产力，故情愿提供报偿，以取得其使用权。"②书院的地租收入与其他地主一样，多采用正租制的分配形式。正租制又称定额制，"是以每块田地的丰年最高产量之一半定为租额，书写于租佃契约上。然后每年地主视当年的年成决定应该在正租额以下实收若干，少收部分称为让租，表示不足十成年成的程度。"③定额制的本意是以固定不变的田租作为租佃的契约，如清代岳麓书院规定，租佃书院祭田、文昌阁祭田、三闾大夫等院祠的佃户均需交纳一定的押租钱，除此之外，"以上各祀田均

① 朱点易. 凤巘书院志 [M] // 赵所生，薛正兴. 中国历代书院志：二册. 南京：江苏教育出版社，1995: 815.

② 赵冈，陈钟毅. 中国经济制度史论 [M]. 北京：新星出版社，2006: 110.

③ 赵冈，陈钟毅. 中国经济制度史论 [M]. 北京：新星出版社，2006: 144.

通酌丰歉议租，岁丰不得再加，岁歉不得求减"。①但事实上很难做到，正租制的收入并不固定，因为土地产出会随着自然环境的变化而变化，往往正租制只是一种理想状态，是一种极限，所谓定额并不固定。定额制下佃农租契基本格式为："立租批人某都某人，今租到某都某人名下土名某处田若干耕种，议定每年租谷若干，或挑租上纳，或临田均分，其租不致短少，凭此为照。"②

由于定额制在事实上难以实现，我国古代地主与佃农的分配形式逐渐由定额制向定额制与分益制并行发展，此类佃契另有格式："立佃约人某，今佃到某都某名下，土名某处，田若干耕种。议定每年秋收，交纳租谷若干，每秤几十斤净称，其谷务要干洁，不致短少。如遇年程水旱，请田主临田监割，几分田租，几分力粪，如无故荒芜田地，自甘照约内交纳租数赔偿。立此佃约。"③分益制虽能较好地保障土地所有者与经营者双方的权益，但对地主而言，如何加强对土地产出的监控就显得尤为重要。

"租额调整并不是一时的，而是一直在不断地进行之中，虽然也有部分调高的例子，如福建泉州陈氏大宗祀田在万历初年租额平均增加了85%，若干学田、书院田、育婴堂田、军户田的租额在明清时期都有所提高，但总的说来，租额却是越来越低了。"④总体而言，无论是正租制还是分益制，书院的地租收入整体呈下滑趋势。书院通过捐输、购置等各种方式获得了一定数量的土地资产，从土地租佃的角度看，是具有集体人格的地主，但很显

---

① 丁善庆. 长沙岳麓书院续志 [M]. 邓洪波, 校点. 长沙: 岳麓书社, 2012: 540.

② 黄惟质. 释义经书四民便用通考: 外卷 [M]//谢国桢. 明代社会经济史料选编: 下册. 福州: 福建人民出版社, 1981: 78.

③ 吕希绍. 新刻徽郡补释士民便读通考 [M]//谢国桢. 明代社会经济史料选编: 下册. 福州: 福建人民出版社, 1981: 78.

④ 高王凌. 租佃关系新论 [M]. 上海: 上海书店出版社, 2005: 22.

然，无论是官为经营还是地方绅董负责，这种集体领导、集体管理的方式，弊窦甚多。官为经营者必须借手于胥吏、催差；绅董负责者则多居于城市，只能遥指。对于书院经费而言出现了"在场的缺席"现象，书院地主属于不在地地主的类型。有研究指出，"南宋时期，最突出的地租特例是官方或半官方的学田或类似的公益机构之田产。这些机构与私人地主以及官田的负责单位不同，没有专人经营农业生产。它们只是以田产为基金，出租田产取得业务经费，在性质上很近似不在地地主。既然不能监督佃农耕种，只好征收定额地租。今天所发现的南宋学田记录无一不是采用定额产物地租，甚至有采行现金地租者（也有实物折现的例子）"。[①]书院显然也属于其中的一类，但所谓的定额产物地租如前面所分析的那样，定额只是一种理想状态，定额与分益共存逐渐成为主流。显见的是，土地的租佃管理对于书院经费而言至关重要。

赛珍珠在获诺贝尔文学奖的作品《大地》中，曾生动地描绘了居城的王大对下乡收租的厌恶之情，"最惨的是他从父亲那儿继承的土地，那是他唯一的生计，他不得不经心，要不老婆、孩子、仆人就都没饭吃了。好像那地里有魔法，得按时下种、施肥、收获，他得站在毒日头底下估产量、收租子。最要命的是他这么一个天生享福的老爷得干活"。[②]作为地主的王大对全部生活来源土地竟然心怀怨憎，这真是一种复杂的心理，王大对精明的弟弟王二说："我年纪越来越大，也越来越胖，不能在春种秋收时再往地里跑了，不定哪天我就中暑或受凉死在外头。我也不惯跟那庄稼人来往，他们骗我、占我便宜。我来求求你替我卖掉一半地，给我现钱，用不着的钱替我放

---

① 赵冈，陈钟毅. 中国土地制度史论 [M]. 北京: 新星出版社，2006: 142.
② 赛珍珠. 大地三部曲 [M]. 王逢振，韩邦凯，等译. 桂林: 漓江出版社，1998: 452.

出去，我不想再拴在田里了。"①王大的情况同样适合于书院，对书院的管理者而言甚至有过之而无不及。因为无论是通过捐助、拨予、购置等何种方式获得的书院田地都无法改变呈分散式分布的特点，即书院的田、地、山、林等大多分散在不同的乡、都、图等地方，一些跨县、府的区域中心书院，其院田等更是分散在不同的府州县域，如白鹿洞书院，明嘉靖时期其书院田即位于南康府建昌县（今江西永修）、都昌县（今江西都昌）、星子县（今江西庐山市）、安义县（今江西安义）等四县及南昌府新建县（今南昌市新建区）等不同地方，一县之中又四乡皆有，如建昌县有书院田地山塘共 1292 亩 7 分 8 厘，其中田 1229 亩 9 分 8 厘，分散在泗洲庄、崇寿庄、吴子勋庄、显慈庄等地，每庄又分落于不同村落，较为零散，管理十分不易。②为改变这一情况，嘉靖时期，白鹿洞书院曾将位于新建县的院田变卖为现银，卖远买近，以便就近管理。孰料至嘉靖三十三年（1554），书院由洞生出呈，以所卖之田为熟田，所收价银过少为由，要求收回新建县的 403 亩院田，"据本洞生中张文瑞、罗文涛等连名呈称：本洞原有奉敕洞额田粮，具载洞志……今蒙前因前田与洞隔远，卖远移近，蒙解价银到府以抵前田价值。切见前田系是常稔，今田多价少，未及十分之一。呈乞照旧仍留前田，庶不负作养盛心，而洞田亦不至变乱矣"。③最后在江西巡抚衙门的支持下，书院原价赎回了原田，但院田窵远难以管理的情况仍未得到根本改变。田地分散所带来的影响是不便管理，履亩艰难，收租困难，学租难以保证。

因此，在书院经费管理实践中，有从重视书院资产数量到重视书院学田

---

① 赛珍珠. 儿子们［M］. 韩邦凯，姚中，顾丽萍，译. 北京: 北京联合出版公司, 2019: 194, 198.

② 郑廷鹄. 白鹿书院志［M］//赵所生，薛正兴. 中国历代书院志: 一册. 南京: 江苏教育出版社, 1995: 498.

③ 郑廷鹄. 白鹿书院志［M］//赵所生，薛正兴. 中国历代书院志: 一册. 南京: 江苏教育出版社, 1995: 499.

租佃管理的趋势。清代书院章程中多有这部分内容，如强调书院董事对于购置的学田必须亲自踩勘，了解田地的具体位置、水圳等。因此可以说正是因为书院土地租佃管理的需要，促进了书院内部管理中的董事、首士制度的产生，并在适应租佃需要中不断调整直至成熟。

为方便管理，清代部分书院开始施行总董与分董并行的做法，总董一般居城，对书院的庶务总负责，同时书院根据田产的分布情况分乡设定董事一二名，主要职掌书院位于本乡田产的租佃、出产情况，以便就近管理。这一举措之目的在于改变书院不在地地主的身份，由不在地地主变为在地地主，从而使书院资产不至于被隐没、侵占。如清道光时期河北获鹿县鹿泉书院规定，全县共五乡（五路），"每路议一家道殷实、品行端方之士推作董事，收管捐项。其城厢董事总集会议，凡有出入立簿登记。每岁新正招集核算，凡山长之节聘、修脯，生徒之膏火奖赏，监院如何行贽，董事如何酌酬，阍人如何赡给，房屋如何修理，器具如何添置，均由董事主持，官吏不须经手"。①鹿泉书院的五路乡董毫无疑问对本乡的捐产负有催收、查勘的责任。

分乡设立董事便于对本乡院产进行监管，这对于正租制和分益制并行的书院租佃活动而言十分重要，因为若不能知悉院田的实际产出，就无法估算书院应该获得的地租。若遇到刁佃、霸佃的行为因无事实依据，书院也就无可奈何，从而造成经费流失，这也是为什么有的书院虽有较为雄厚的资产，却短短数年就连山长束脩、生徒膏火都无法支销的原因之一。

书院院产的分乡捐输并在此基础上由分乡董事管理院田的租佃并非一劳永逸，要保证书院经费有切实的保障，还有赖于经理此事的董事能允公允能，绝私欲，慎公事，摒弃乡里的畛域之见，如此方能收到实效。否则，分

---

① 俞锡纲, 曹镱. 光绪获鹿县志卷八 [M] //中国地方志集成·河北府州县志辑④. 上海: 上海书店出版社, 2006: 210.

董借公肥私，收多报少，各怀异心，各自为政，对书院造成的影响是灾难性的。在此我们以清代江西德安敷阳书院为例说明这一问题。

敷阳书院的前身为中唐时期江州义门陈氏创办的东佳书堂。北宋时期，聚族而居的陈氏奉旨分析成百十个小的房派迁往全国各地，东佳书堂因无人经理遂迁往德安县城，先后称为义门书院、河东书院等，后于清道光三年（1823）重建，规模焕然一新，但经费无几，没有延师开课。道光五年（1825），知县丁春林捐廉课奖，加以蓄积，但"委任失人，所收田租究归乌有"。道光十九年（1839）知县张维模大力劝输，力成善举，"各乡捐田若干亩，新置田若干亩，共计租谷千余石，折制足钱六百余金。每年派廪生二人管理，于是妥议章程……"，一时书声琅琅，蒸蒸日上。但好景不长，随着张维模等人的离任，"管理多非其人"，更重要的是西乡因为距县治远，每年赴书院甄别的生童为数寥寥，于是"异议哗然，各乡田亩，乡各分还，以作乡试宾兴之用，书院由此遂坏"。①分乡捐输、分乡管理，加之管理非人，最后的结果是各存门户之见，"三乡渎请分课，西乡人多，取生课六名，东、南各四名；西取童课六名，东、南各五名。各于卷面标明乡分，盖自此遂行灭裂矣。其院田并未均分，不过以坐落何乡，即令何乡管理，非有截然鼎峙之形也。"②书院继而因兵乱一蹶不振，最终退出历史舞台。

书院作为拥有一定数量田地的社会组织，书院土地管理出现了由官府管理到官绅共管最后到以绅为主的演变。不幸的是，以绅为主又因分乡捐助、分乡管理，最终这种以绅为主的管理却成为大多数书院无法继续、难以维系的重要原因，至今仍值得深思。

---

① 沈建勋, 程景周. 同治德安县志: 卷六 [O]. 国家图书馆藏本.
② 沈建勋, 程景周. 同治德安县志: 卷六 [O]. 国家图书馆藏本.

## 四、经费簿册制度

书院在运行过程中，因管理需要出现了相关的簿册，主要有以下三类：一是书院资产簿册；一是书院生徒信息簿册，如点名册、应课册；一是经费簿册。资产簿册记载书院各类资产的来源、数量、分布等，此类簿册是书院志（尤其是书院册）的雏形，如河北巨鹿广泽书院，首条新规即规定"书院新旧成本、地亩、器具、条款，造册二本，送署盖印，一发礼房存案，一交首事人收执，以备兑照。……至院内大小一切什物，另立一簿，交院役存收检视，不得挪借出院，如有短数，禀官究处。"①栾城龙冈书院"书院堂舍工程，一切什物器具，铺面房屋租数，田地坐落村庄顷数、亩数、租数，发商生息存本，各项册籍，一样造具三分，一存县卷，一存儒学，一存书院，交董事收支。如有更换交接，按册点交明白，即将此册交与替人收执。"②生徒名册登记了肄业生徒的信息，类似于今天学校的学生花名册，在考课发放课卷、膏奖、花红等费用时核对生徒信息。经费簿册是书院的会计账册，记录经费出入信息，是书院经费运行中一种有效的管理手段。如河北遵化燕山书院规定，"设立印簿，一切出入款项，随时登记。年终开列清单，揭黏公所，即将印簿递交轮办绅士接管"。③

经费的管理与支销事务较为敏感，也是关注的焦点，为此，多数书院的经费账册不止一本，一般都有数本之多，其目的在于方便核对。如义宁州聚奎书院，"进出账目公立大簿六本，院内公存壹本，五都各存一本，结账日

---

① 邓洪波. 中国书院学规集成：第一卷 [M]. 上海：中西书局，2011：38.
② 邓洪波. 中国书院学规集成：第一卷 [M]. 上海：中西书局，2011：14.
③ 邓洪波. 中国书院学规集成：第一卷 [M]. 上海：中西书局，2011：56.

一同汇齐以便核对无讹"。①培元书院"公议立总簿七本，每都各领一本，领钱首事议不领簿，领簿首事议不领钱外，众存一本交值年首事以作上付下领，以免生弊窦。"②河北南宫东阳书院因经费紧张，所入仅能维持考课奖赏而无常规性的生童膏火，实际上是仅开展月课的考课式书院。书院对会课时的经费出入有支销簿册，"会课支销簿籍二本，逢课登记，送官查阅后，一发礼房执掌，一交书院首事收存，俾内外互相稽查"。③定州奎文书院，"经费每届年终，监院会同众董事清算一切，注明有无盈缺，并开具清簿一本，送州存查"。④福建尤溪正学书院，嘉庆七年（1802）书田办理章程规定账目宜核查登记报销，其办法为设立账簿，"凡出入各项，设立总簿一本，按年增入。别设分簿数本，随时随事详细登录，值年董事俱各手书花押，印用图章，毋得惮烦忽略。至散给盘费日期，领费之人亦各亲身画押于簿，以凭查核。每届乡试之年，仅八月内一样造册三本，汇送学师一本存案，一则由学转报学院衙门，一则由学咨县存案，至应支销各项，照依实数，不得借款浮开，节省一分则诸生多受一分实惠矣"。⑤

　　为昭公允慎重，经费簿册除存放书院便于稽核外，一般还请地方学师、地方官员查验，账册一式数份，分别存于诸如学师、州县衙门，存于官师处的目的毫无疑问是平息不同意见，表明经费支销经得起官府的核对。同时，官府通过书院经费往来细目，了解书院具体事务，便于其加强对书院的控制。如河北唐县焕文书院于道光十五年（1835）初定章程规定，"所有书院地租，官为征收，发交当铺，同生息一并存贮。登记印簿三本，一存县

① 书院公局. 聚奎书院志: 卷一 [O]. 修水县图书馆藏本.
② 书院公局. 培元书院志: 卷一 [O]. 修水县图书馆藏本.
③ 邓洪波. 中国书院学规集成: 第一卷 [M]. 上海: 中西书局, 2011: 37.
④ 邓洪波. 中国书院学规集成: 第一卷 [M]. 上海: 中西书局, 2011: 51—52.
⑤ 邓洪波. 中国书院学规集成: 第一卷 [M]. 上海: 中西书局, 2011: 580.

署，一存书院斋长，一存县房"。①后续增条规规定，"每年十二月初旬，设立印簿三本，将本年支用余存租息，并次年额征租暨当铺生息各款，开写印簿，首页并载明收支章程，谕知当铺，一存县署，一存书院，一存会房。值季斋长管理三个月，即将所存书院印簿一本，交下季经管斋长收贮，以后按季管交如前"。②东光县观津书院，"经理书院租资账目，应择公正斋长二人。每有支用，设立一样支用簿三本，一存县署，一存斋长，一存礼房，一式填写，送县标出，加戳支用"。③也有不存学师处的，如河北南宫东阳书院，"书院地亩造册二本，送署盖印，一发礼房存案，一交书院首事绅士收执，作永远底本"。④湖南永明县濂溪书院于乾隆四十八年（1783）议定田租章程，共7条，其中多条涉及簿册的管理制度，如租簿，"俟详请之后，公议绅士八人，请县发出原收租簿，亲到各处查实田土丘角，今昔难易情形，注册缮写二本，呈县钤印，一存衙署，一存书院"；濂溪书院租簿不但登载院田的基本情况，还登载佃户的姓名、租额清收情况，等等。除租簿外，书院首士有书院经费的使用簿册，上年经手与下年经手俱照册清算。⑤

　　书院经费簿册最主要的功能是记录支销细目。书院经费的支销无论是官营还是民营都十分慎重，有相应的经费领取、发放、报销手续。同时，即或是以民营为主的书院，官府对书院的支销仍有监督权、否决权。如官为经营的白鹿洞书院，于明万历时期由江西提学道规定了严格的征收粮册与支发簿册制度，"新造格眼粮册，承委都昌县县丞……造报，见在提学衙门并南康府收贮，每年由官专徵，本道即给以原册，令其照年照户填入本册送验，南

① 邓洪波. 中国书院学规集成：第一卷［M］. 上海：中西书局，2011：48.
② 邓洪波. 中国书院学规集成：第一卷［M］. 上海：中西书局，2011：49.
③ 邓洪波. 中国书院学规集成：第一卷［M］. 上海：中西书局，2011：63.
④ 邓洪波. 中国书院学规集成：第一卷［M］. 上海：中西书局，2011：36.
⑤ 邓洪波. 中国书院学规集成：第二卷［M］. 上海：中西书局，2011：1223.

康府亦然。本道按临南康，委官亦送册查验，果有催徵得法，完解无欠者，本道行府奖励"。①再如清代山西太原令德书院，"本院脩膳、薪水、膏火、杂支，应由监院官按月造册，出具印领，申送冀宁道移咨藩司核明，仍交冀宁道转发监院，于次月初三日分别致送给发。俟至年终，由冀宁道将通年出入数目开列管收，除在总册移送藩司详院核销"。②

有研究者在明代学田的研究中认为，明代学田的管理主要有：地方官府"总其事""本学"直接管理、地方士绅"掌其事"并诸生之"学有行者"协助管理等，其中在管理主体上还表现出"由宋元时期的'有司经理'和官民共管转化。官府已逐渐丧失其具体管理职能"的特色。③对书院学田而言，官府直接参与学田的经营活动呈下降趋势，但对书院经费，官府仍以其他方式加强监控。对以民间力量为主的地方书院，官方在经费使用上仍通过批准、核销等方式加强了控制。如河北唐县焕文书院，"每月应发钱文，即由值季斋长，会同县房，查照章程准给数目，先期开具清单，禀县核明批准，再持三簿支取，分别致送发给，由县按月开单，实贴书院。如无县批示及三处印簿，不准当铺应付。倘斋长、书吏持所存印簿，私向当铺支钱，着即赴县禀究。若徇情支发，其钱即着落当铺赔偿，以免亏挪而垂永远"。④唐县焕文书院，岁修房屋及添补器皿什物，每季不过制钱2200文，但支销手续十分严格，"俱由值季斋长同书吏，先将需用工料价值禀县，俟批准后，方许修补。如有兴作大事，着四季新旧斋长公同估计，具禀县亲勘复核，并查明有无经费盈余，妥为筹议，分别缓修动工，事竣

① 郑廷鹄. 白鹿书院志 [M] // 赵所生, 薛正兴. 中国历代书院志: 一册. 南京: 江苏教育出版社, 1995: 514–515.
② 邓洪波. 中国书院学规集成: 第一卷 [M]. 上海: 中西书局, 2011: 76.
③ 李朝晖, 文平. 论明代学田 [J]. 贵州文史丛刊, 2002 (4): 41–42.
④ 邓洪波. 中国书院学规集成: 第一卷 [M]. 上海: 中西书局, 2011: 48.

报县验收"。①同样是该书院，全年租息770吊，"核计岁需师生膏火等项，仅可敷衍，其乡会试年，应收地租银钱，又有文武举生盘费等项之用，如现议章程内并未准销之项，即与书院无涉，不许饰词请销。遇有必须支用之款，应由新旧斋长，当令生徒，听候详请宪示，俟奉批允后，饬令遵办。若不当众公禀，断不准行。倘斋长、书吏朦混禀准支发，日后查出，其钱即着落斋长、书吏分赔"。②未经知县允可，不准支发，可谓十分严格。定州奎文书院，经费所入无多，支销十分紧张，因此对支发较为谨慎，"支发一切用项，俱由公所开单支取。所取银钱，先将用项名目开明。如无名目，不许滥支。公所登记账目，亦将用项名目注明，不许滥发。即官有应发用项，先行开单，交董事支取，不得径向公所取用"。③实际上即是相互监督，避免官、绅、商一方独自提取、占用书院经费。再如滦县海阳书院，"以上各项，按年统计，共支销银一千一百七十两六钱五分，俱于年终，由董事汇造清册，送州覆核存档"。④枣强敬义书院规定，"书院经费，每月细账由礼房开发记簿，每年终必算清，立一总簿，以记旧管新收，开除实在四柱数目"。⑤该院"每年租价，原定分上下两季交纳，由绅董派殷实铺户登簿收支。今议定每届应催租之时，绅董谒见官府，呈地亩租价簿，请官府督饬六分管，及各该地方催各村承管董事及佃户，按数完纳。其地亩租价簿由礼房收存，每逢税契钱粮□期，礼房捧簿请官府顺便比催。凡交租价者，必由礼房承总登入簿内各人名下，交绅董所发之铺户。铺户亦必

① 邓洪波. 中国书院学规集成：第一卷 [M]. 上海：中西书局，2011：50.
② 邓洪波. 中国书院学规集成：第一卷 [M]. 上海：中西书局，2011：50.
③ 邓洪波. 中国书院学规集成：第一卷 [M]. 上海：中西书局，2011：51.
④ 邓洪波. 中国书院学规集成：第一卷 [M]. 上海：中西书局，2011：59.
⑤ 邓洪波. 中国书院学规集成：第一卷 [M]. 上海：中西书局，2011：66.

登簿，每月一结。收完之后，仍将收数交绅董收存"。①栾城龙冈书院，"每年支销经费，总理董事于年终算账，定于十二月初二日齐集书院，核实开造四柱细册，呈送本县核销存案备查"。②

除需交官存案、核销外，书院内部对支发经费有详细的规定，何人可领，如何领，何人可发，如何发，领取与支发何人监督，等等，在书院章程中都有规定。如义宁州凤巘书院因经费活动频繁，数额较大，事务繁剧，特别聘请了一名专职的经理账务人员，负责支应进出，充当书写的责任，全年给予 60 千文的薪资，此外，"第自光绪元年酌定新章，每两乡轮管首士和同商确另请信妥人管理，一年一换。银钱不准支扯，即首士生童外人，均不准移贷，除成规外，有至四串以上者必须公酌方开，交代时请善算者将各簿核对，如有情弊，或外人拖欠，与保人之值年及经手人是问外，并公着赔补。进出账目每年照旧章立明簿据，所存之钱不得私存射利，每年二月交代时，按照簿据核算清誉，账簿贰分，一分存院，一分缴署，以备互核。……新旧首士账房交接时，凡银钱契券簿票书箱什物逐一交清，不得揹执遗失"。③南宫东阳书院，"每逢课期前一日，值课首事二人，赴当支取所存利息京钱三十千，以备次日会课给发。俟课毕，核定实到名数若干，应给饭资、卷子若干，并奖赏及一切杂费若干，会同礼房一一登记簿籍。如有余钱，即于会课次日，原取首事送还当铺存贮"。④

簿册制度的施行，使书院的经费收支程序规范，有据可依，有册可查，一目了然，在管理上是重大进步，对于维护书院的平稳运行有着积极意义。

---

① 邓洪波. 中国书院学规集成: 第一卷 [M]. 上海: 中西书局, 2011: 67.

② 邓洪波. 中国书院学规集成: 第一卷 [M]. 上海: 中西书局, 2011: 14.

③ 朱点易. 凤巘书院志 [M]//赵所生, 薛正兴. 中国历代书院志: 二册. 南京: 江苏教育出版社, 1995: 817.

④ 邓洪波. 中国书院学规集成: 第一卷 [M]. 上海: 中西书局, 2011: 37.

同时也应注意到，官府对书院经费支销的监管，与甄别、官课等活动一起，成为明清时期官府对书院控制的一种隐蔽而有效的手段。

## 五、经费存储和发放

书院通过学田或银钱等其他资产获得办学经费，这些经费如学田的田租有时为谷物等实物地租，书院在收到这些费用后，需要存储。谷物等实物一般收贮在书院自行建筑的谷仓等地，如白鹿洞书院有专门的粮仓。河北井陉东壁书院，"其买田之券，依旧法，首贡轮掌。租入，则寄贮常平仓。丰歉多寡，岁登于册，以绝侵渔。首贡及仓书，各存留一册"。[1]东壁书院的田租寄于常平仓之中。由于书院经费主要用于发放山长、生徒费用，实物分配颇多不便，因此明清以来将实物折银（钱）的做法颇为流行。这样，地租与店铺、发商生息的息银等一起均为货币收入，这些收入若暂时不予发放，书院也有其存贮之法。如枣强敬义书院，"每年租价，由各绅董请官，饬六路分管，及各村地方，令种地人按季交清，不得拖欠。存殷实钱铺，以备书院支用"。[2]

书院所入有限，管理必须严格，因此在发放经费方面有着严格的规定，如发放时间、发放标准、发放对象、发放程序等。我们试以生童膏奖为例来说明。生童膏火奖赏是书院经费开支中比重最大的项目，为使培养真正收到实效，真正实现教养兼资的目的，绝大多数的书院将生童的膏火与其学习成效联系在一起，从而构成了极富特色的书院奖惩制度。如唐县焕文书院，"一月三课，以官课为准，如官课取列正课，而斋课一次不到，扣膏火

---

① 邓洪波. 中国书院学规集成: 第一卷 [M]. 上海: 中西书局, 2011: 11.
② 邓洪波. 中国书院学规集成: 第一卷 [M]. 上海: 中西书局, 2011: 66.

三分之一，两次不到，扣膏火三分之二。凡发膏火，于下月初三日发上月膏火"。①同时规定每月三次大课，无论生童均由书院给予饭钱，"均于下月初三日发上月饭钱"，而且对"如有诗文剿袭雷同，或并不交卷者，不列等第，毋庸给发饭钱。其正月间甄别未到，及未级取录生童，每月官、斋课考列超特一等者，一体给与饭钱，考列附课者，不发饭钱。至官课未到，及未经取录生童，斋课考列超特一等者，亦一体给与饭钱，考列附课者，不发饭钱。以杜冒滥，而示区别"。②平乡崇正书院，"生童月课膏火奖赏，均候师课后三日始行给领，不到者扣课。（其文理不符者降课，荒谬者除名另补，优则加奖）"。③南宫东阳书院，"奖赏钱文，后课给卷时，书院董事按照前课名次给发。倘前课已列前茅而后课因事不到者，其应得奖赏，董事存留，准本人随时领取"。④无极圣泉书院，"每年定于二月开课，十月完课。每月两课：初二日官课，十七日斋课。每课前列应给膏火奖赏者，照榜登簿，至下月支发"。⑤

# 第三节　书院经费的专款专用

　　古代书院的经费管理有着较为详细的规章，有明确的管理人员，有严格的支发核销措施，除这些外，专款专用是书院经费中较为鲜明的特点。所

① 邓洪波. 中国书院学规集成：第一卷 [M]. 上海：中西书局，2011：48.
② 邓洪波. 中国书院学规集成：第一卷 [M]. 上海：中西书局，2011：49.
③ 邓洪波. 中国书院学规集成：第一卷 [M]. 上海：中西书局，2011：41.
④ 邓洪波. 中国书院学规集成：第一卷 [M]. 上海：中西书局，2011：37.
⑤ 邓洪波. 中国书院学规集成：第一卷 [M]. 上海：中西书局，2011：19.

谓专款专用，是指专门的经费用于特定的对象。书院的主要功能是讲学与肄业，在有限的经费中必须保证主要功能的实现。之所以出现此类现象，根本原因在于经费筹措不易，若不能指定使用，以东挪西，从甲移乙，书院的基本活动恐难以维持。明嘉靖时期，江西提学金事胡汝霖行文驳南康府将白鹿洞书院洞租移作生员乡试盘缠，从胡氏的"不许别项借支"文书可知书院专款专用的重要性："据南康府呈为酌处路费事。本道看得洞租本以待士之就学者，四贤发轫于此，膺乡荐回视洞学困厄寒苦之士不侔矣。前道两批甚明，该府不候本道详允，辄为擅动，恐非四贤见得思义之心。该府自欲作兴，别可加厚，前项洞租银两难准支费。作速处补，再违提吏问罪"。[①]书院的专门款项用于指定对象主要有以下若干类：

山长束脩。如河北南宫东阳书院，"书院地十顷零七亩一分，每岁共得租价京钱八百一十五千四百文，完纳钱粮以外，以供山长束脩薪膳节礼之用"，东阳书院的经费全部用于山长的专项经费，且此项地租"向系官为经理，兹议定将地亩册存书院以备稽查，仍归官经理"。[②]江西武宁正谊书院，"乾隆五十七年，前任石赞韶捐买土名凤口田五亩壹分，四至详载契内，科量叁斗伍升柒合，每年额租谷钱陆千伍百文，佃户卢光日。（此项归作每年议请山长之费，十乡首事轮收）"，也是专门用于议请山长的经费开支。[③]

生徒膏奖。河北大名书院于清同治三年（1864）在《大名书院道宪月课章程》规定，道台祝垲捐廉 1000 两及所筹捐款纹银 2200 两以 2 分行息，每月所得息银 64 两，作为书院增添每月一次的道课费用，"专以此项为生童

① 郑廷鹄. 白鹿书院志[M]//赵所生, 薛正兴. 中国历代书院志：一册. 南京：江苏教育出版社，1995: 517.
② 邓洪波. 中国书院学规集成：第一卷[M]. 上海：中西书局，2011: 36.
③ 何庆朝. 同治武宁县志卷：十七[O]. 国家图书馆藏本.

膏火经费，不准提作他项支用"。①再如南宫东阳书院，"书院发商生息存本京钱四千贯，按月一分五厘起息，每年共得利息京钱七百二十千，以作会课经费"。②

祭祀经费。如岳麓书院明清时期有专门的祭田，万历丁巳（1617）学道邹志隆增置道乡台田 40 亩，位于善化县十五都，地名龟塘，"载粮二石七斗零，每年纳租四十石整，内除二十石完粮，实交谷二十石整。原交僧人本空领，供祭祀，今归府学收"。③该书院在清代自嘉庆十四年（1809）至咸丰十一年（1861）续增祭田百余丘。此外还有文昌阁、三闾大夫、道乡祠等祭田，如文昌阁祭田有水田 9 石，需完粮 9 升 5 合，正饷 2 钱 9 分，佃户需交稳佃银 160 两，每年纳租 41 石。④

岁修经费。古代书院为木石建筑，加之多建在山林、滨水之处，岁久易圮，若不加以岁修则难堪使用，因此设立专门的维修费用极为必要。河北栾城龙冈书院，"康熙二十二年知县王巩始建，至乾隆三十年已圮，知县李方茂修，距今七十余年，又圮，以无岁修之款故也。今若不议修款，风雨剥蚀，历年久远，必又渐见倾圮。兹议定余钱存为岁修，责令董事每月察看一次，遇有渗漏剥落处所，禀请县学验明，随时黏补，以期永远不朽。岁修之费，不得过大钱二十千文。如有盈余，多则置产，少则存公，以为修补房屋添置器具之用。凡有修置，董事应禀县备案"。⑤南宫东阳书院有专门岁修经费，"书院续捐地田十亩，每岁共得租价京钱四十八千，完纳钱粮之外，以供修理房屋之用。此项地租，向系书院首事经管，兹议定仍照旧章办

① 邓洪波. 中国书院学规集成：第一卷［M］. 上海：中西书局，2011：21.
② 邓洪波. 中国书院学规集成：第一卷［M］. 上海：中西书局，2011：36.
③ 吴道行，赵宁. 岳麓书院志［M］. 邓洪波，谢丰，校点. 长沙：岳麓书社，2012：538–539.
④ 吴道行，赵宁. 岳麓书院志［M］. 邓洪波，谢丰，校点. 长沙：岳麓书社，2012：539.
⑤ 邓洪波. 中国书院学规集成：第一卷［M］. 上海：中西书局，2011：14–15.

理。所有岁修诸费，一一登记簿籍"。① 河北平乡崇正书院，"又经俞前任禀明督宪批准，每年按亩派捐制钱二文，作为续建房间及置备器具，并声明一俟公竣，即将此项捐款作为延师脩膳及肄业生童膏火奖赏并岁修房屋等费在案"。②

购书经费。江西奉新冯川书院有书院购书籍田，田租专用于购买书籍，"乾隆十五年，逸士洪州相捐送藏书《山堂肆考》《昭明文选》《唐诗贯珠》《宋诗钞》各一部，又捐建康乡田租十五石，为岁购书籍之费，徵租纳税与义学膏火田同，付佐贰经管"。③

书院的专款除上述之外还有诸如专用于董事、专用于其他公共开支等，此处不再赘述。对专款专用的研究还需关注的是与我国古代书院的开放性有关的问题。

在书院发展的早期，如唐至北宋初期，一些地方家族书院为扩大办学影响，提高家族声誉，除了收录本家族及姻亲子弟外，还对四方游学者持开放态度，伏腊皆资。如江西的东佳书堂、华林书院、雷塘书院、樱桃洞书院、芝台书院等都具有早期书院社会化的特征。嗣后，除极少数天下著名书院外，地方书院或由官办或由民营，其肄业生徒多限定为本区域的生童，出现了明显的地域限制或身份限制，如清代江西广信府的信江书院，生徒来自府属各县；南昌洪都书院生徒来自南昌府各州县。河北唐县焕文书院规定书院膏火发放对象仅为生童，举人、进士不在此列，"原议书院为作养人材而设，其已中式者，即不准再食膏火等语。查县属书院，与各省城踊跃观光赴院考

---

① 邓洪波. 中国书院学规集成：第一卷 [M]. 上海：中西书局，2011：36.
② 邓洪波. 中国书院学规集成：第一卷 [M]. 上海：中西书局，2011：40.
③ 吕懋先, 师方蔚. 同治奉新县志 [O]. 国家图书馆藏本.

试者不同，自应循照旧章，毋庸再议"。①等等。地方书院仅为本区域士子提供服务，对肄业生童的来源有一定的限制，究其根本在于书院经费的筹措不易，必须专款用于专人身上。如河北无极县圣泉书院规定，"书院经费筹画非易，膏火奖赏，为数无多，外县附课势难兼顾。即随院长肄业者，外州县人亦不得冒入"。②我们在观察晚清江西义宁州的书院群现象时更进一步发现，在族群矛盾较为激烈的地区，不同族群，如移民与土著所建书院几乎无一例外地排斥非本族群士子肄业，甚至对已经通过甄别经官取录的生童，不惜以上控的方式将其拒之门外。而对于本族群内部的人员，也存在着捐与不捐者之间区别，对于捐输书院者及其后嗣，可以肄业书院，享受书院提供的诸如考课、进主、宾兴等一切权利，对于未捐者则有可能无法肄业，或仅有少数权利。③限制性观念在书院领域中的反映并非仅出现于义宁州，清代光绪时期湖南桂阳州龙潭书院也有类似的规定，据光绪十年（1884）《龙潭书院章程》要求，"肄业生由州尊甄别，录取送院，三年再行甄别。倘本团本族缺额，只可本团本族充补，公课缺额不便再补"。龙潭书院肄业生徒的补充仅限于本团本族的子弟，同时在本团本族之内亦有区别，"按捐定额，凡一团一族有捐钱至八百串以上者，永定课额一名，惟陈隽丞侍郎、颜接三太守、魏质斋、夏菽轩两观察捐数较多，不在此例。又恐各团或有实系瘠苦，捐难满额，不免偏枯之弊，并另设公课四名，随州人士皆得与考"。④龙潭书院按捐定额但预留 4 名公课名额，不能不说是在限制中为贫困子弟保留了一丝温暖。江西武宁正谊书院经费由本县各乡劝捐而成（颇似于毗邻的德安县），书院甄别取录一度曾分乡确定，这是根据经费多寡在区域内的一种

① 邓洪波. 中国书院学规集成: 第一卷 [M]. 上海: 中西书局, 2011: 48.
② 邓洪波. 中国书院学规集成: 第一卷 [M]. 上海: 中西书局, 2011: 20.
③ 张劲松. 清代义宁州书院研究 [D]. 武汉: 华中师范大学, 2019.
④ 邓洪波. 中国书院学规集成: 第二卷 [M]. 上海: 中西书局, 2011: 1213–1214.

限制行为，"武邑考取正课向分城乡，未免意存畛域，且就一乡为去取，卷少而额多则失之滥，卷多而额少又失之遗，殊非拔取真才之意。今议定每年十二月初一日散馆即于初二日甄别一次，但凭文字不别城乡，弥封试卷以杜弊端而昭公允"，在城乡不分、区域一体取录的情况下，肄业生徒的膏火势必改章，将从前考定后取给予各乡的做法变为由书院自行给发，原各乡筹措用于发放给本乡书院肄业生童的膏火经费，"宜别为社学，益广修脯，或另请名师或但增文课，以期文教日兴，人文蔚起"。①这一改革至少在区域内实现了乡与乡之间的统一，相对前面所述的德安敷阳书院将书院院田按乡分管而言，具有进步意义。

清代书院基于经费而限制生徒来源的做法，较之书院发展早期的社会化与开放性，很难说不是一种退步，但也是我国传统社会发展与教育人群发展的必然，古代书院的社会化问题与经济社会发展、与受教育对象数量之间有着密切关系，实现有限的开放，在此基础上施行专款专用，虽是无奈之举，却保证了书院的有序运行。

---

① 何庆朝.同治武宁县志:卷十七[O].国家图书馆藏本.

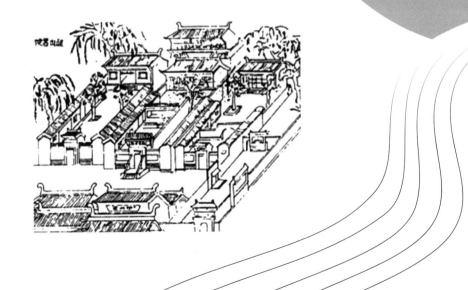

第五章

书院经费问题

"立教者计其可久可继而为之方，则养不可不具也。"书院经费对书院的作用如此之大，它影响并决定着书院的办院质量、功能发挥乃至生命周期等，书院经营者为筹措经费、有效运用经费，在制度上、人员上、管理上立法不可谓不严，措施不可谓不周密，但正如我们观察某项政策的优劣不能仅看条文本身，而应看政策的施行及其实施效果一样，历史上书院经费虽有良法，但总体效果却不尽如人意，甚至可以说，正是因为经费经营不得法，才加速了书院退出历史舞台的进程，究其原因在于书院经费管理、运营的实践中存在着诸多难以解决的问题，这些问题自书院建立起就如影随形，不断吞蚀着书院为数不多的资产，使书院面临着经费短绌的困境而最终难以为继的困境。

# 第一节　侵占问题

"虽然，怀玉之田，僧攘之；鹅湖之业，豪猾据之；元明之世，屡复屡淹矣。怀玉、鹅湖，朱子之迹也，而所失若是，则其他书院可知矣；田亩之失若是，则其他散佚者可知矣。"①即或是闻名天下的著名书院，其院产也多为容易侵占的对象，侵占者主要为官员、胥吏、经理人员、承租人、寺僧，甚至书院的门役等，其中又尤以胥吏、承租人及经理人员为甚。明清时期白鹿洞书院虽为官办书院，既有南康府知府或推官提调兼督洞事，又有府学或县学教官为监院，江西抚按、布政司、提学等多有关心，但就学田洞租而言也弊窦丛生，"看得各县洞租，向来多付典史征收，礼房掌管，又溷入里递督催，以致隐占侵牟，种种弊窦"，②这是明万历末年的情况。至清代其情况并未好转，"白鹿书院自昔有田，所以给养四方之来学者。今田非益寡，而岁入常不给。考厥所由，则以逋负者之多也。逋负之多，弊不在农佃，而在侵冒之绅衿从而中饱之也。及今知其弊而勿能禁，久之逋负不已，且并其田而不可问，而书院从此坏矣"。③同为天下著名书院的岳麓书院也面临着同样的问题，《重修岳麓书院图志》的作者在"食田"一卷中记载了清理被军户隐匿侵占田产的事实，"长沙卫左所寄操军人陈友贤等，父祖寄住在善化县岳麓山下，隐匿书院旧额鸿门内食田二百五十亩，大小一百八十九丘，小塘五口。……并无升合税粮，转卖与该卫前所军人谭玉为业。已经差官临丘履亩踏看明白，又经行拘谭玉男谭宪供退在官。审得田有肥瘦，通融每亩该纳租谷五斗，岁入租谷共该一百二十石。知府孙存清出，入于书院，以复旧额"。但这仅为一小部分，"盖书院五十顷之数，不能尽究。志此，以俟后之君子有所考焉"，志书作者无可奈何道："长沙之胜，兹山之助大矣。晦翁、南轩二先生苦心索力，诛茅垦土开荒，仅成千亩，奈何世远人亡，无复有同

---

① 钟世桢. 重修《信江书院志》序［M］//王赓言.（清同治）信江书院志. 合肥: 黄山书社, 2010.

② 邓洪波. 中国书院学规集成: 第二卷［M］. 上海: 中西书局, 2011: 666.

③ 廖文英, 毛德琦. 白鹿书院志卷十七［M］//白鹿洞书院古志整理委员会. 白鹿洞书院古志五种: 下. 北京: 中华书局, 1995: 1380.

志者矣。其田虽存，多为势家所压，所复未尽。"①

再如江西白鹭洲书院，"历有田租养赡师生。宋知军江万里，置田八佰石及绕城濠租，均以赡学，元代迄明初无考。嘉靖间知府何其高，万历间知府汪可受捐输皆称极盛，而佃户、胥吏交相侵隐。甘雨纂修《汪志》云'为书院经久远，诚莫如置田租，然壬寅去今不五十年，而何侯之所创半化为乌有。'由斯言推之，我朝康熙以前田租又可知矣"。②湖北枣阳书院，"旧有义田为士子肄业之资，岁月既久，清理无人，庄田岁租，半隐没佃户、胥吏，而讲习之废，历有年矣"。③四川成都潜溪书院自乾隆五十三年（1788）清查产业后，历年报销有赢无绌，但自咸丰九年（1859）之后，经管院产的各任华阳县丞历11年无复报销，"书吏侵蚀、蠹役勒掯，士子有考课终年不能领取银米者"。④可以说，书院经费被侵占的情况比比皆是。

## 一、官员

书院建设中，既有捐廉倡修的官员，也不乏侵占书院资产的贪墨之人。如乾隆末年，岳麓书院内建有文庙、文昌阁、魁星楼、朱张祠、六君子亭、道乡台等祭祀建筑15处，每年在书院折租项内拨支白银14两为春秋二祭的经费，"惟各庙设祭凡十五处，每年经费只十四金，修举欲其完全，度支实为缺少"。⑤由于祭费不敷，每年举行祭祀活动时由书院肄业生徒捐资助

① 吴道行,赵宁.岳麓书院志[M].邓洪波,谢丰,校点.长沙:岳麓书社,2012:65.
② 刘绎.白鹭洲书院志[M]//赵所生,薛正兴.中国历代书院志:二册.南京:江苏教育出版社,1995:609.
③ 陈谷嘉,邓洪波.中国书院史资料:中册[M].杭州:浙江教育出版社,1998:1801.
④ 朱霞堂.潜溪书院志[M]//赵所生,薛正兴.中国历代书院志:六册.南京:江苏教育出版社,1995:623.
⑤ 吴道行,赵宁.岳麓书院志[M].邓洪波,谢丰,校点.长沙:岳麓书社,2012:544.

享，丰俭无定。为解决祭费短绌问题，书院肄业生贡欧阳厚垣等集资 200
两，禀请盐法道、巡抚等详准，参照城南书院将息银 100 两发湘潭县典商
营运的办法，以每月一分五厘行息（遇闰加增），每年可得利息收入 36 两
（遇闰加增 3 两），按季解存官库。祭祀之期由监院官具文领取，每祭 18 两，
从而较好地解决了祭费不敷备办的困境。但就是这一由肄业学生自发捐资专
门用于办理书院祭祀的息银，竟也被堂而皇之地隐匿侵占。据《岳麓文钞》
记载，道光二年（1822）为逢闰之年，监院在具领息银时遗漏闰年加增 3
两的情况，闰月息银未发给书院。祭祀结束后，监院具文申请补领，被盐法
道以祭祀活动已经结束为由拒绝发放，闰月的 3 两息银存于官库；复至道
光七年（1827）又值闰年，监院吸取上次教训，先期详悉叙明请领，得到
的答复却是每年的祭祀活动支出有定额，不应遇闰加增。因此，以后所有闰
月息银 3 两全部扣存于盐法道库充公。消息一出，诸生据理力争，"金谓书
院办祭，从前凡十五处，自嘉庆年间陆续动项兴修及捐建祠宇，又增十有二
处，岁支捐项息银尚不敷用，师生量力捐助，共襄祀典。今闰月息银为数只
有三两，三年一闰，积至百年方得百金，究于道库何济？"但颟顸、贪婪的
盐法道员以"经费有常，原应节慎，随时损益，当道自有权衡缝掖，儒生焉
知政体，何得肆口轻谈"搪塞、压制下去。[1]区区三年仅得 3 两息银，堂堂
道抚各宪也下得了手？！享誉天下的四大书院之一的岳麓书院尚且如此，其
他书院的经费情况可想而知。


## 二、胥吏

衙门蠹吏对书院院产的侵吞也十分可怕。在地方书院中，这些盘踞、吸

---

① 吴道行, 赵宁. 岳麓书院志 [M]. 邓洪波, 谢丰, 校点. 长沙: 岳麓书社, 2012: 545.

附在官府中的地方势力，将书院田产作为利薮的情况史不绝书。以清代为例，清代地方政府几乎所有职责都由州县官一人负责，故又称为"一人政府"，书吏、衙役、长随和幕友构成了州县官的四个辅助集团，其中书吏和衙役为官府雇佣的本地人，熟悉地方民情，与州县官是正式的、公务方面的关系；幕友和长随往往不是本地人而是州县官自己聘用的，是一种私人的、非正式的关系。如《红楼梦》第四回"葫芦僧判断葫芦案"中的门子（葫芦僧）及贾政江西粮道任上从都城带去的长随，都是极好的例子。相比而言，幕友职业具有较高的社会地位和可观的收益，如晚清道光时期浙江湖州人朱潼以游幕起家，咸丰四年（1854）为天津道幕，岁获脩银1000两，咸丰五年（1855）即以捐费奉旨以应升（知县）之缺升用，可见幕友与长随不可等闲视之。①而书吏、衙役地位低下且正常收入微薄，但为何书吏们对这些职位仍保有高度的兴趣，甚至出现贿赂州县官的长随、幕友以获得、保全职业？瞿同祖先生认为刺激他们的"一是因保护家财的需要。另一种动力是通过'考职'进入官场的可能性。但对于大多数书吏来说，最大的吸引力是经济收获，这解释了为什么许多人在服务期届满后还竭力保住其职位"。②可以获得非法收入成为负责这些工作的主要动机，同时，"这些依附衙门的职员不仅易于获得非法手段，而且尽管有正式惩禁的规定，实际上他们有逃避追究的便利。'易于获得便利，又易于逃避追究'，是对越轨行为的最大诱惑"。③在州县一级的吏员中，又以掌管税银出纳的柜书和掌管漕粮征收的漕书最为肥缺，因为这是与缴纳皇粮国税的花户小民直接打交道且经手钱粮的职位。再如催差，"差役催租最为疲玩，得贿辄纵，勾结为奸，至有自称生

---

① 朱潼. 浮生记 [M] //中国社会科学院近代史研究所《近代史资料》编辑部. 近代史资料: 总第137号. 北京: 中国社会科学出版社, 2018: 10-20.

② 瞿同祖. 清代地方政府: 修订译本 [M]. 范忠信, 晏锋, 译. 北京: 法律出版社, 2011: 73.

③ 瞿同祖. 清代地方政府: 修订译本 [M]. 范忠信, 晏锋, 译. 北京: 法律出版社, 2011: 317.

辰需索各佃寿仪，有不如意即以欠租拘案者"。①等等。衙门胥吏因熟悉地方情形，盘踞、依附于官衙，通过种种手段剥取脂膏，借以肥己。

书院的资产属于地方公产，公产与私产最大的不同是责任人不明，集体负责的最终结果可能是无人负责，若发生侵占等现象，受损失的是公共利益而不指向个人，加之书院管理中存在的漏洞，从而为州县衙门中的胥吏侵吞书院经费大开方便之门。如嘉庆时期，铅山鹅湖书院清查院产，发现书院经费支销异常，不合常理。经进一步查询，发现县衙礼书崔某正是侵吞书院院产的罪魁祸首：

　　鹅湖书院新旧田产已入报销者共计八顷六十三亩，未入报销已经查出者三十二亩，山地房租银五十一两一钱四分，乾隆三十四年以来佃户每谷一石交制钱六百文，而每年膏火仍照十月给发，除旷废外，未闻有扣除也。乾隆六十年以后，每石收制钱一千二百文，册内报称变价银九钱九分五厘，而每年膏火仅照六月给发，册内仍以十月报销，其扣除者皆为羡余，而经费犹云不敷者，何也？今礼书崔梦吉等以积年欠租挪移抵补为词，盖欲以减冒销之罪而实营其私也。夫收租有册，追租有例，某人欠谷若干，按名比追，不完者革佃可也。田果瘠薄，力不能交，自请勘明减免，否则退耕可也，何至有积久乎？就使积欠属实，以彼一年浮收之数抵累年欠租而有余，何至年年扣除？寒士膏火之赏以餍蠹胥无穷之欲乎？且闻欠租者即礼书，非乡民也，该书程建勋一人欠租多至八十余石，未闻绳之以法，何也？民果欠租未有不比追、不革佃者也，然则积欠之祸嫁于乡民，挪移之名归于官长，所克减者生童，而胥吏独

---

① 朱霞堂. 潜溪书院志 [M] //赵所生, 薛正兴. 中国历代书院志: 六册. 南京: 江苏教育出版社, 1995: 624.

坐享浮收之利，不可究诘者，何也？盖官与民不相喻，故若辈得专中饱之权。其勒折佃户则曰每石折钱若干，此奉堂谕，不可减也；其欺官长则曰每石仅交若干正额，尚欠不能追也。勒折如数则收钱，否则收谷，所收名为乡斛而较官斛加倍，故不敢不折也，所给止系谷票，不能执以上诉。①

无怪乎山长吴嵩梁发出感叹"田租者，膏火所由出也。书院之田，所以养士，非以胥吏也"，②胥吏的侵占之害对明清地方书院的影响最为严重。

## 三、劣绅

明清时期的绅士因其获得功名而享有一定的政治、经济特权，这些权力成为他们经营地方事务并获得经济收入的条件，甚至有的混入书院管理队伍中，成为书院的董事、首士，以近水楼台之便，上下其手，中饱私囊的现象也所在多有，他们或以租佃为名，长期霸占书院学田却拒不交纳田租，或以多算少，等等，丑态毕出。他们虽是书院的管理者，但同时也是书院的破坏者之一，是书院经费被侵吞的主要原因之一。清顺治时期，江西巡抚蔡士英兴复白鹿洞书院，但书院岁租却被劣绅蠹衿侵肥瓜分，令人十分气愤，"不佞抚江三载，首为经纪，修建祠宇，清还旧租，捐俸广置学田，聘请主洞，招集四方生儒。课文会业，一时彬彬，庶几复见古人盛事。近闻有无赖生员，视岁租为奇货，攘臂构讼，侵肥瓜分，致使养士之公粒，竟充蠹衿之

---

① 吴嵩梁. 清核田租膏火议 [M] //赵所生, 薛正兴. 中国历代书院志: 十一册. 南京: 江苏教育出版社, 1995: 33.

② 吴嵩梁. 清核田租膏火议 [M] //赵所生, 薛正兴. 中国历代书院志: 十一册. 南京: 江苏教育出版社, 1995: 33.

私囊，坐令俎豆无光，名区藏秽，此实官地方者之责也"。连巡抚置办的学田都敢侵吞，劣绅之贪婪与胆大妄为着实让人感到害怕。再如山西临晋桑泉书院于咸丰初年修文庙余金 2000 串，"拟充士子膏火而不果，董事诸人相侵蚀，构讼多年，其间以房地偿金者寥寥无几"。[①]地方力量侵吞公产并非仅限于书院，即便是官学学田也一样难逃被侵匿的命运，如明代南京，"府尹邵公置有学田五百一十亩，坐落上元县尽节、丹阳二乡。每年租银六十二两，久被汪崇学、汪崇孝霸占包租，以六十余两减至十五两。又以官银修筑圩埂，俱至大河，旱潦无忧。腴田改作荒地，粮飞一邑，积弊已久，牢不可破。山人汪徽之首告，可谓义举"。[②]吞蚀书院等地方公产成为一种恶劣却无法杜绝的传统，直至晚清时期这一丑陋的现象愈演愈烈，1889 年有官员向两广总督张之洞报告，"我已调查了东莞县孔庙的土地和财产。虽然（这些财产）属于县里的士绅公所，但并没有完全用于乡学。许多（财产）都被地方大族的士绅和官员暗地里侵吞了。"[③]但此时要约束士绅们对公产的侵吞行为不但为时已晚而且无能为力。

## 四、刁佃

佃户的抗租或逃租亦是书院无法获得实际收入的原因之一。高王凌先生指出，在一些租约、契约文书中经常会出现"不敢懒惰、抛荒""不敢少欠"，否则要"依数赔还"，严重的还有"任业主别行招佃"，等等，"若单凭

---

① 陈谷嘉，邓洪波. 中国书院史资料: 中册 [M]. 杭州: 浙江教育出版社, 1998: 1766.

② 周晖. 二续金陵琐事 [M]//谢国桢. 明代社会经济史料选编: 下册. 福州: 福建人民出版社, 1981: 41.

③ 魏斐德. 大门口的陌生人: 1839—1861年间华南的社会动乱 [M]. 张小荷, 译. 北京: 新星出版社, 2014: 184–185.

字面理解，好像上面如何规定，下面便如何办理执行似的（可惜好多学者都是这样做的）。其实这种事情，无论在古代中国还是当代中国，恐怕都不容易办到。"①基于此，高先生基于租佃关系、地租论等对农民抗租进行了深入研究后指出，佃户抗租主要采取拖欠、求让、偷割私分、压产、反退佃、辞佃、罢种、逃租及转佃、恃强、构讼、交"湿谷""瘪谷"等日常行为及暴力反抗和有组织斗争。②明嘉靖时期，庐山白鹿洞书院有田数千亩，分散在南康府、南昌府等五县之中，其中建昌县有佃户40名，新建县有佃户18名，都昌县佃户50多名。以都昌县为例，如李家厫下南堰东塘坂陂等处田47亩4分内，分别由李煌、李秀益等20人耕佃，多者如刘高佃耕5亩，少者仅有1分5厘，若管理者不能亲履勘亩，逋租之事当易如反掌，因之，书院管理者之职不可谓不艰巨，这也是时人所谓"按徐推官册独详于星子而建昌诸田盖举其略云。故累合土名并其顷亩，以数目计之，尚取盈焉。以圩墩视之，或非故物也，日逃月窜，地易而佃不同，此洞租所由不完也，扶植名教者，尚其念之"。③

再如吉安白鹭洲书院有学田在峡江县，"前王姓所捐峡江田租，因地隔邻郡，佃户刁疲，自咸丰辛酉至同治己巳，叠经前府委员及绅董收取，统计九年租入仅敷钱漕正供，于书院毫无裨益。官绅遂有移业就业之议。庚午二月，始行售脱，得值伍百陆拾串，旋于吉郡南关花巷口上首买置店房一所，去值陆百肆拾串。现在怡兴钱店承租，每年书院实收租钱伍拾串"。④峡江学

① 高王凌. 租佃关系新论 [M]. 上海: 上海书店出版社, 2005: 6.

② 高王凌. 租佃关系新论 [M]. 上海: 上海书店出版社, 2005: 79–130.

③ 郑廷鹄. 白鹿书院志 [M] //赵所生, 薛正兴. 中国历代书院志: 一册. 南京: 江苏教育出版社, 1995: 512.

④ 刘绎. 白鹭洲书院志 [M] //赵所生, 薛正兴. 中国历代书院志: 二册. 南京: 江苏教育出版社, 1995: 611.

田除去钱漕正供，9年没有分文收入，书院不得已，只有将田变卖置店。德安敷阳书院有名无实，不能延师授徒，据时人燕笙分析，有多重原因，而刁佃之可怕、佃户之遁逃影响最为恶劣，"一因刁佃之不惩也。现佃书院之田，前已减租，仍折以五百钱一石，可谓宽矣。乃佃复狼贪不已。虽丰穰必遗尾欠，遇荒歉遂绝征输。甚至变幻名字，巧脱遁逃，久之不知田在何处。鬼魅横兴，莫可端倪，安得不有害粮务"。①

为减少佃户欺隐现象，书院也曾有相应的对策，如义宁州仁义书院规定"每年秋熟，各佃租谷必须首事亲往面煽。收入书院须查挑工石斗虚实、昹净，不得糊涂入仓。实在路远难搬者，即托该地首事收存，来年出粜，每石补耗谷口升五合"。佃户私自将田面权（经营权）转与他人耕种，最容易引起纠纷。而官司一起，往往几败俱伤，因此，书院要求经理人员对佃户的情况细察以绝后患，至少所耕租谷必须按时缴纳，不许拖欠延玩，"倘有刁佃故意悬搁，屡讨不楚，应即禀官究追，断难宽贷"。②凤巇书院规定："各处田亩就地择佃，出业人之子孙及出业人之原佃，不得承批该田，以免藉端霸占。议交预租，每石折缴典钱壹千文，每年限十月半，佃户送院领取收照，违限即行别批禀宪存案。拨差二名，以为永远催租之役，倘敢霸批，呈请究办，如耕满十年，即租数全清者，各首事务宜公同踩勘一回，以免失业。"③有的书院则要求书院董事人等在收佃时坚持原则，不徇私情，"膏火田租均系丰歉牵算，酌定准数，并无须计较多寡，与民田看田取程者不同，经管者自应按数催收，不得意存见好，藉口岁歉，私行议减，以致经费不敷"。④

① 沈建勋，程景周.同治德安县志[O].国家图书馆藏本.
② 书院公局.仁义书院志[O].修水图书馆藏本.
③ 邓洪波.中国书院学规集成：第二卷[M].上海：中西书局，2011：690–691.
④ 邓洪波.中国书院学规集成：第二卷[M].上海：中西书局，2011：1017.

## 五、宗教势力

我国古代书院在其发展历程中不但有着深深的地域文化烙印，如书院祭祀规制中的神主，多为过化的先儒、名贤，或本地的名宦、硕儒等，此外书院还与民间宗教有着复杂的相互影响。一方面书院的组织形式、教学形式受佛教禅林影响，如静坐，著名的"程门立雪"故事可见宋儒程颐静坐之功：

"（程颐）其接受学者以严毅，尝瞑目静坐，游定夫、杨龟山立侍，不敢去。久之乃顾曰：日暮矣，姑就舍。二子退，则门外雪深尺余矣。"①

而静坐为释道二界的主要学习方法之一，"佛教僧众日常修行的方法之一便是修习禅定，即趺坐参禅，静心修养。……道教徒的修行方法也不外乎澄心静坐……足见道家以静坐达到清心寡欲，渐而入于真道的门径"。②

除静坐外，儒学大师在书院教学中还强调学者个人的自学读书、同学之间质疑辩难、师长的升堂讲学等，这与禅宗学法颇为类似，"书院教学与佛教教育在教学仪式上、方式上有许多契合处。佛教在其传播发展的过程中吸取儒家教育的经验，形成了一整套针对不同对象的讲学仪式和方式，又反过来影响了书院教育教学特点的形成"。③如陆九渊在应天山（后被陆九渊易名象山）精舍讲学，"先生常居方丈，每旦精舍鸣鼓，则乘山篼至；会揖，升讲坐，容色粹然，精神炯然，学者又以一小牌书姓名年甲，以序揭之，观此以坐。……非徒讲经，每启发人之本心也，间举经语为证"。④等等。除教

---

① 黄宗羲. 宋元学案·伊川学案: 上 [M] //黄宗羲全集. 北京: 中华书局, 2013.

② 胡青, 龚欣瑜. 中国古代书院与静学泛论 [M] //黎华, 胡青, 李宁宁, 等. 中国书院论坛: 第七辑. 南昌: 江西人民出版社, 2001: 46.

③ 丁钢, 刘琪. 书院与中国文化 [M]. 上海: 上海教育出版社, 1992: 37.

④ 丁钢, 刘琪. 书院与中国文化 [M]. 上海: 上海教育出版社, 1992: 38.

学与组织形式外，民间宗教信仰神灵也因书院世俗化进程而进入书院祭祀范围，成为书院祭祀与供奉的主要对象，如明清时期尤其是清中叶以后，书院普遍存在崇祀道教神灵文昌帝君的现象，同时伴之广泛建设魁星（奎星）楼（阁）一类的建筑。如胡昭曦先生在《四川书院史》研究中指出，早在明代，四川部分书院即与文昌帝君（梓潼神、梓潼帝君）有密切联系，将其作为主要的祭祀对象。清代这一现象则更加普遍，因被认为是"掌人间禄秩，司科甲权衡"的神灵，文昌帝君在书院的尊崇地位得到进一步提高，清代四川书院与"文昌帝君"的关系主要表现在书院供祀文昌帝君、书院名称与"文昌帝君"有关、书院设在文昌宫内等；与释奠孔圣不同的是，"（清代四川书院）供祀文昌帝君却大多是一种神的信仰和宗教仪式，与前一种供祀（指祭孔）有区别之处"。①蔡志荣、王瑜对湖北书院的研究也支持这一观点。②笔者在对清代江西义宁州书院的研究中亦发现，义宁州书院普遍存在着祭祀文昌帝君的现象并建设有文昌宫、魁（奎）星阁等建筑，如凤巘书院，"有屋三重，前重为讲堂，中重为文昌宫，后重为魁星阁兼祀捐赀乡善"；③仁义书院，共三进，上进为文昌阁一栋三间，阁东为藏书斋一栋三间，阁西为储才馆一栋三间；④等等。义宁州书院大多在岁时举行隆重的祭祀仪式，崇祀文昌帝君、奎星等，如凤巘书院在启馆、会日等一年中较为重要的时间节点上举行致祭活动，祭祀的神灵不是孔圣及地方先贤而是文昌帝君；⑤聚奎书院

---

① 胡昭曦. 四川书院史 [M]. 成都: 四川大学出版社, 2006: 299–305.

② 蔡志荣, 王瑜. 清代湖北书院的祭祀特点及意义 [J]. 教育评论, 2009（1）.

③ 朱点易. 凤巘书院志 [M]//赵所生, 薛正兴. 中国历代书院志: 二册. 南京: 江苏教育出版社, 1995.

④ 书院公局. 仁义书院志 [O]. 修水县图书馆藏本.

⑤ 朱点易. 凤巘书院志 [M]//赵所生, 薛正兴. 中国历代书院志: 二册. 南京: 江苏教育出版社, 1995.

规定在二月初三文昌帝君诞辰，"各都首事务宜整肃衣冠，齐集致祭"。①

　　书院与佛道等文化相互影响、相互借鉴，丰富了书院文化的内容，但同时我们也注意到书院在发展中经常受到来自宗教势力的侵蚀与破坏，其中又以学田等院产被僧寺占据最为常见。如江西玉山（今江西玉山县）怀玉书院为江西古代著名书院之一，位于怀玉山金刚峰之南。通过对怀玉书院沿革的研究，可以看出书院为保护学田多次与佛寺发生争讼。书院原为北宋学士杨亿精舍，南宋淳熙间朱熹、陆九渊、汪应辰等于此讲学，有司及门人扩而大之，并置田供四方来学者，由是门徒日众，影响益广，怀玉书院之名与天下四大书院相望。宋末寝废，至元朝则尽废，寺僧以书院故址为寺，书院田也并归于僧。②元至顺间进士郑伯飞于玉琊峰麓建芳润堂，明成化间金事方中并郡守姚堂、知县汪滢等于旧庐复书院旧额，久之又废；正德元年（1506）提学李梦阳复建书院，正德六年（1511）宁王朱宸濠叛乱，僧人亦为乱地方并及书院；嘉靖三十三年（1554）僧觉荣投首，提学王宗沐以"寺非敕建，僧罪当斥，除左道，复旧业"请于巡抚马森、巡按徐绅，得到巡抚、巡按的支持，遂檄有司改寺为书院，置田 33 顷有奇，岁入租谷 3300 余石以奉祀养士，自是书院规制大备。万历初张居正当国和天启四年（1624）宦官魏忠贤柄政，禁毁天下书院，怀玉书院迭遭打击被废毁，书院院田为僧所有，书院文物废毁殆尽，王宗沐兴复书院碑记被僧徒埋于土中。入清后书院田仍归寺僧，直至乾隆七年（1742），由诸生朱世荣等捐价给僧赎回原田 217 亩，书院始有弦歌之声。时人感叹称："仍若考其（怀玉书院）所以废之故，则自元明以来约之，凡三变而复焉者，亦代有其人。初毁于兵，……再夺于僧，而提学李梦阳、王宗沐复之，终废于魏珰而复之者，则国朝郡推

---

① 书院公局. 聚奎书院志 [O]. 修水县图书馆藏本.
② 唐大历中僧志初于怀玉山金刚峰创法海寺，有"志初岩"在怀玉书院东北, 塔院亦存。

黎士宏也。……渐百年来有司不暇厘正，田仍僧踞，廪费阙如。"①佛寺的宗教势力在怀玉书院的历史上曾发生较为重大的影响，甚至长时间因寺僧占据院田，书院无法恢复，这不能不令人扼腕。再如江西建昌扶风书院，建于明代正德年间。原名马融书院，入于明《一统志》。后废为增寺。清朝雍正六年（1728）饶九道捐俸购还并修葺一新，聚生儒肄业。时人为之撰记时称："（书院）后为僧人占踞，书院之名以寺易之，移扶风遗像于侧室，绛帐之所遂为头秃之场。梵呗沸腾，弦歌间歇，识者心伤之。"②从怀玉书院和扶风书院的例子亦可以看出民间宗教力量对书院资产的侵蚀、侵占的恶劣情况，而这对书院的生存与发展而言有时是决定性的影响。

# 第二节　管理问题

书院经费除胥吏、劣绅、刁佃等蓄意侵占外，管理问题也是导致经费短绌不继的重要原因。书院经费在管理中存在的问题多种多样，如晚清时人燕笙在分析江西德安敷阳书院不能维持时所总结的那样，既有在购置田产时把关不严的问题，"其经首士买进者，则未履亩清查，任其挖方造圆，截长补短，虽八斗可充一石，是以古尺量今田也。而外彊内□之势以成"③；也有乐捐时田亩不实，"曩年乐输之家，大率以田，其间肥美者少，硗瘠者多。或数年不得全租，或丰年莫收半额"④。我们在对晚清江西义宁州书院群经费管理

① 黄寿祺, 吴华辰. 同治玉山县志: 卷四 [O]. 国家图书馆藏本.
② 狄尚纲, 郭祚炽. 道光建昌县志: 卷三 [O]. 国家图书馆藏本.
③ 沈建勋, 程景周. 同治德安县志: 卷六 [O]. 国家图书馆藏本.
④ 沈建勋, 程景周. 同治德安县志: 卷六 [O]. 国家图书馆藏本.

的研究中，发现管理存在的问题主要有捐助不实、以次充好、管理不善等三方面，而义宁州书院群所表现出的问题在清代书院中具有相当的代表性。

## 一、捐助不实

捐助不实的情况在清代义宁州书院中具有一定的普遍性，其表现多样，主要可以归为以下三类：一是捐少报多；二是捐而未缴，缴而未清；三是捐虚充实。

如前文所述，清廷对于捐费达到一定标准的民间乐善好施者，即可按例议叙，这是刺激民众踊跃捐助包括书院在内的地方事务的动因之一。为此，一方面发起书院建设的首事人等积极争取多方支持，另一方面往往将未达议叙标准的捐助者按议叙最低标准一体上报，在扩大议叙对象的同时造成捐费不实的情况。如聚奎书院章程规定："捐款内无论田土铺屋概载钱贰伯吊文，以符奏案""捐生所拨田租，凡遇经公出售之业，约载捐钱贰伯千文，与现在实同一体"。①出现此种情况的原因在于道光时期规定"（捐银）士民二百两以上者给予九品顶戴"，聚奎书院将捐款概载 200 吊文即为虚报以邀议叙之举，如此必然导致捐簿所录与实收之间的差距，形成事实上的捐助不实。

"捐少报多"以邀议叙可视为书院为积极争取多方捐款的有意之举，而"捐而未缴，缴而不清"则是捐户有意的拖捐、诿捐，由于捐助不能及时到位，对书院的正常运行产生严重后果。泰交书院公局董事曾发一公启，文称：

缘我泰②交书院倡办有年，开课给散膏奖又有年，真所谓合一乡之

---

① 书院公局. 聚奎书院志：卷一 [O]. 修水县图书馆藏本.
② 原文作"太"。

人力，培一乡之人才，故迩来文风蒸蒸日上，识者咸以为书院培植之功。第自劝捐以来，未能一律踊跃，其间捐而未缴，缴而未清者，迟迟至今尚未晋主者，各都不免。至七都尤为辽阔，其未经捐入者亦复不少。本年八月初十日公议修志，以昭画一，为是布启合乡须知：事在告成，切勿再存观望。已捐则扫数清完，未捐则争先恐后，同心一律，公事幸甚。倘仍置之意外，不惟捐而未缴者无分，即缴而未清者亦无分，至未经捐入者夫复何望？①

泰交书院在兴办多年之后仍面临着捐而未缴、缴而不清的局面，由此带来诸如膏奖不能按时发放等系列问题，虽经书院经理人员多方筹措，"向之膏奖未给者今已给矣，田价未清者今已清矣，庄屋倾坏者今已重新矣，纲举目张，书院复为振兴"，但其中情弊众多，举凡"有众捐而献私田者，有献众田而租仍归其众收者，有献众田而租自私出者，有献田而契未立者，有立契而田未经业者，种种弊窦不堪悉数"。②为此书院不得不公开喊话，并暗示捐而未缴、缴而未清的捐户将悉数不予进主，以此激励捐户争先恐后，扫数清完。在实际操作过程中，泰交书院对"捐而未缴"与"缴而不清"者稍作区别，缴而不清者规定从宽办理，"看缴钱之多少登主名之层次。其有为主数所限致悬欠者，即着人催缴，另于卷尾附刻某主欠数，以昭公允而便查核。在后院课复开，定以欠数扣除膏奖。现议改办学堂，如有考取学生亦必满费方准入堂肄业"。③未清之捐费以肄业生徒膏奖作为抵扣，颇为无奈。与采取相对温和的抵扣方式不同的是，武乡聚奎书院则明确规定对捐而不实

---

① 书院公局.泰交书院志［O］.修水县图书馆藏本.
② 书院公局.泰交书院志［O］.修水县图书馆藏本.
③ 书院公局.泰交书院志［O］.修水县图书馆藏本.

者与未捐者等，"捐生内有领去部照而业未拨出者与未入者等，不得混考甄别、冒领花红"。①事实上，领捐而未捐，甚至将朝廷颁下的议叙部照已经领去而未捐费，其性质较未捐者更为恶劣，可斥为"诈捐"。②除此之外，一些捐户虚报田地的收入，以少充多，以次充好，从而形成事实上的捐贽不实。培元书院规定，对"所捐田亩或有硗薄，或浮报租数，致每年租产不能清完者，公同饬令按原捐租数补清，如仍抗漏，永停该捐户后裔奖给并将书院主座撤出"。③聚奎书院规定："此项公事以书院而兼宾兴，必须实有捐费方准应课，给予各项花红、程仪等款。兹于各主名下注明里居、子孙，以便稽查，免致混冒。"④对于那些实有捐费的捐户才能享有应课及其他宾兴资格，未捐或捐而不实者则取消应课资格等。除书院在规章、章程等方面对捐助不实的情况加以严格管理外，书院公局也多有将经费问题提交州宪，禀请知州予以劝谕、督催，借助官方力量使书院所受捐费等能如实到位。如培元书院得到时任署州邓国恩的支持，邓氏在劝捐示中对捐助亦代为官催，称："尔等捐贽倡建书院，乐育人材，实堪嘉尚。所有考课赴会一切事宜务照前开公议条款遵行。再查该乡现捐经费固属慷慨乐义，其中仍有应捐未捐，及应加未加之费，尔等正宜踊跃捐输，玉成美举。仰该乡绅首刻日妥为劝捐，无俟本署州亲诣，著捐其已捐未交之费，亦当赶紧交讫。俟有成数，院宇落成，即申详请奖，以昭激劝，以广栽培。"⑤"兹据该乡呈印捐簿内查慷慨捐贽者固属甚多，其中仍有家贽殷实、应捐未捐、应加未加之户。尔等须知书院为

---

① 书院公局. 聚奎书院志 [O]. 修水县图书馆藏本.

② 从各书院志刊载的有关公文往来的"案帙"看，呈请议叙需自州县层层上报直至圣聪，中间关于捐贽数额、造册报销、议叙人员等，有时需多次往返查核。以奎光书院为例，自道光二十四年（1844）十月呈报至道光二十五年（1845）十一月圣旨依议批准费时超过1年。

③ 书院公局. 培元书院志: 卷一 [O]. 修水县图书馆藏本.

④ 书院公局. 聚奎书院志: 卷一 [O]. 修水县图书馆藏本.

⑤ 邓国恩. 邓宪劝捐兼示期考课赴会示 [O] // 培元书院志: 卷一 [O]. 修水县图书馆藏本.

合乡乐育人材之区，自宜一体踊跃，捐输玉成美举，毋得吝惜不捐，致多掣肘，除出示晓谕外，合行札饬，为此札仰该乡书院绅董人等前往劝捐，务将应捐、应加之费逐户妥为开导，赳日捐妥，倘敢任意悭吝饰词延宕，该绅等指名禀复"。①与义宁州情况相似的还有江南安庆桐城桐乡书院。清道光二十年（1840）七月桐城北乡士绅议建设书院一事，八月开始募捐，"先设局于孔城程恩绥之宅，乡中富有力者，悉以酒食延之，乐义者多闻而至。有不至者，首事乃踵门而谋之"。历经 2 年多至道光二十二年（1842）年书院落成，但原定本乡各保应捐各款并未缴清，"奈人心不齐，已捐者尚多观望，未捐者复各逡巡"。②为落实捐产，知县于九月初六日，榜示催捐，称书院"现在不日示期开课，凡未缴及未捐各保，均应赶紧乐输，庶不致始勤终怠。除饬探役谕令各地保遵办外，合亟出示晓谕。为此示仰各保人等知悉，速将已捐者照数清缴，其未捐各保亦即赶紧乐输，毋得仍前观望，致负本县教育人才之至意也！"③催捐实属无奈之举，但若不催，捐助不实，书院必难以为继。

　　捐助不实是清代书院的普遍现象，义宁州书院群是如此，毗邻义宁州的湖南浏东洞溪书院也有此类情况，据《洞溪书院志》称，咸丰二年（1852）前后，浏东洞溪书院所受捐产"实则捐田者多硗瘠，亩数又不实，且捐八亩者与捐钱百六十缗者均抵银二百两，在事者急于招徕，忍不与校，经费究仍不足，称贷多金。于是频年白县劝捐"。④捐助不实，为书院的稳健运行埋下隐患。

① 邓国恩. 邓宪劝捐札 [O] // 培元书院志: 卷一 [O]. 修水县图书馆藏本.
② 佚名. 桐乡书院志 [M] // 赵所生, 薛正兴. 中国历代书院志: 九册. 南京: 江苏教育出版社, 1995.
③ 佚名. 桐乡书院志 [M] // 赵所生, 薛正兴. 中国历代书院志: 九册. 南京: 江苏教育出版社, 1995.
④ 罗汝廉. 浏东洞溪书院志 [M] // 赵所生, 薛正兴. 中国历代书院志: 四册. 南京: 江苏教育出版社, 1995: 798.

## 二、以次充好

在已捐者中由于种种原因存在以次充好、以瘠充腴的情况，使书院虽在书簿上有若干田地租产等，但所收有限，以致难以维持。为此仁义书院规定，对以田租抵书院捐费者，"如系窵远星散瘠薄难以收租，不妨就便变易，其拨田之家不得异说"。[①]据此观察恐怕所收贫瘠的捐产在所不少，只有将其变卖另择他业。由于贫瘠之田所产极其有限，甚至根本无有产出，书院若无租入何以为继？培元书院为此要求捐户"所捐田亩各捐户务需选择腴田捐出付众，不得以水旱荒废田亩，藉充捐数。所捐之田凭公踩明四界，归首事别批耕作，本捐户不得承批，捐契交总理收执"。[②]既要求捐产需是实有产出之腴田，同时亦将田产的所有权、经营权等通过捐契收归书院所有，以另行批佃耕作，避免捐户持契另批，使田产所有权等紊乱无序，从而引起不必要的纠纷。为杜绝捐户中出现各种弊端，培元书院初定规条时即严格要求各捐户所捐田产名实相符，对于以次充好的捐户，书院规定如果"所捐田亩或有硗薄或浮报租数，致每年租生不能清完者，公同饬令按原捐租数补满。如仍抗漏，永停该捐户后裔奖给，并将书院主座撤出"。此外，对应缴未缴的捐户则要求"各专主至十分主均已建立主座祀奉有年，其所捐田租前经公议，概行缴出田底归众公置租产，各都均已踊跃缴付，即间有一二尚未清缴田底者，务宜赶紧将底缴交。又间有每年租数未交者，各按所捐租谷如数收取，不得以钱折算，其有田底未缴、抗租不交或田底已缴些微余租抗交者，永停该捐户后裔奖给，并将书院主座撤出，会期不准赴席，不得藉口已交些微，

---

① 书院公局.仁义书院志[O].修水县图书馆藏本.
② 书院公局.培元书院志[O].修水县图书馆藏本.

减数降捐，并不得藉众捐有分，争领各项奖给，倘首事徇情滥给，公着经手首事赔补。"①培元书院对以次充好、应缴未缴等捐户采取十分严格的应对措施，从而避免出现书院经费支绌情形。

## 三、管理不善

经营管理不善使书院有限的经费难以落实，甚至屡受侵渔、终为乌有的现象在书院发展史上并不少见。对于绅士而言，经营书院既是获得绅士地位的路径之一，同时也为其带来相应的利益，是绅士收入的来源之一。②在有关书院章程中我们发现，书院首士、董事等在经营书院具体事务中所获报酬其实相当有限，如聚奎书院首士几乎没有报酬，因公需要来院办公还必须自带铺盖，不得由书院花钱外雇，此外，"除甄别、收租外，平素因公来院，归守院人供应福食，酌量补给"，仅供应膳食而已。以毗邻义宁州的江西万载东洲书院为例，书院举总理、首士二人住局管理钱谷、照料书院一切事宜，"虽偶有紧事外出，总须一人在局。每年身俸钱二人共捌拾千文"，合每人 40 千文；同时各乡有书院田产的地方举分理首士一人，负责收卖租谷，"以百担为率，每人于每担内除钱陆拾千文，作为身俸，不得另开轿费"。③负责书院日常事务的首士、董事等人责任重大、事务繁重，仅给予微薄薪水。因此时有以权谋私、公私不分、借以谋利之举，这是导致书院资产流失，使书院经费不敷从而难以为继的原因之一。

对义宁州书院而言，现有史料虽未发现管理者侵渔、鲸吞及其他渎职等

---

① 书院公局. 培元书院志: 卷一 [O]. 修水县图书馆藏本.
② 张仲礼. 中国绅士研究 [M]. 上海: 上海人民出版社, 2008.
③ 书院公局. 东洲宾兴册: 卷一 [O]. 宜春市史志办鲍某藏本.

案例，但由于捐助者中有以瘠充腴、以次充好的情况，书院所收田产若不能查实则必定出现虚报、浮收；若经理人员不能妥为管理、秉公坐局，每年所收租入等必致挪移、侵占甚至中饱私囊的现象。杜绝这一情况既有赖于捐户诚心捐予，也需书院经理人等亲履勘察、实心办事，对捐产一一亲自过手，方可避免捐簿不实，对所收入摒绝私心、矢公矢慎、颗料归公。为此，各书院对经理首士人等的资格、操守提出要求，如聚奎书院："经理首事须经五都公签，各都经理一名，辅理三名，必择殷实公正、勤慎可靠者以膺斯任，余者不得滥理，致败公素餐。"①梯云书院要求"院内公签经理首事二名，经管书院细事宜，进出账目俱于其手归总。其人务由各乡生童公举公正殷实者，标各悬单，约计三年一换，公慎者再留，不公慎者随时另举，每名按年各给工食钱拾千文，轿费钱拾千文，此外不准多用。"对书院管理人员要求公正勤慎、家资殷实，以此尽量避免因管理不善而使书院遭受损失的情况。书院制度规条虽颇详明，但是囿于乡谊、私交及个人利益考量等因，义宁州书院与同时期其他区域的书院一样，也存在着管理不善、经费不敷等情形。为此，各书院一方面被动缩小经费规模，甚至拖欠生童膏火等费，另一方面多方争取续捐等项，同时在书院章程条规中反复强调，经理首士等需尽心尽职，切实履行诸如勘亩丈查等职责。如梯云书院规定"各乡租田，有水旱虫荒及修整庄屋堤塝等项，该乡副理首事必亲踩看明，不得假公徇私，浪费钱谷。""书院置买产业，无论远近，总宜价业相当，总理首事必亲自踩看，与附近生童公同酌量定夺。不得各分畛域，徇私射利，以致书院受亏"。②土著所办培元书院对此亦有十分详细的规定，其根本目的即在于杜绝书院的管理者徇私而致书院亏空，如《壬戌原议条规》对经理首事经营书院及过手经费

---

① 书院公局. 聚奎书院志：卷一 [O]. 修水县图书馆藏本.
② 书院公局. 同治梯云书院志：卷六 [O]. 修水县图书馆藏本.

等规定详尽："一、各都首事催收租数、存领租钱务各矢公矢慎，每年纠齐钱数公同置买产业，倘有钱剩，当众封锁，不得支扯争领生放，如违，即是侵吞弊端，饬令缴还外，公同摈斥除名。一、公议立总簿柒本，每都各领一本，领钱首事议不领簿、首事议不领钱外，众存一本，交值年首事以作上付下领，免生弊窦。一、公金六都经理首事议定轮管，每年交卸簿账务须算明收付钱数，当众登簿。倘有账目不明，含糊书载，下手不得轻领，必须严加查核，果系逐项清楚，方准交付下手，否则公着赔补，摈斥除名。"①

# 第三节　意外的破坏

　　明清时期我国古代书院的办学经费从以不动产的田地为主转向以田地与货币资本混合为主，在人地关系紧张、自然环境较为不利的地区，一些书院的经营甚至以货币发商生息为主。比较而言，发商生息是社会经济发展到一定程度时，书院适应时代变化而采取的一种较为普遍的做法，但是较之土地而言，发商生息由于货币资本的流动性、价值与价格波动性的特征，不如土地产出稳健，生息比率过高、兵燹战乱的冲击使书院有不但无法按时收到约定的息钱，甚至连本金都化为乌有的危险。因之，有的书院对发商生息抱有极强的戒备心理，如枣强敬义书院于同治十三年（1874）创建后，拟以捐输余资作为师生束脩膏火开支，"又虑发商生息不可以持久也，于是，买上地，召佃人耕种之"。②

---

① 书院公局. 壬戌原议规条 [O]//培元书院志: 卷一 [O]. 修水县图书馆藏本.
② 陈谷嘉，邓洪波. 中国书院史资料: 中册 [M]. 杭州: 浙江教育出版社, 1998: 1754.

本书的第二章曾对清代山西书院发商生息的情况做了初步统计，在官为经营的山西永济敬敷书院、平超超山书院、霍州霍山书院等均将捐输所获银钱交由典商发商生息，利息以月息为 1 分、复合年息达 1 分 2 厘较为普遍；有的书院如陵川望洛书院、潞安上党书院月息为 1 分 5 厘（复合年息达 1 分 8 厘）。再如山东沜源书院自雍正十一年（1733）获恩赏银 1000 两后，乾隆六年（1741）巡抚朱定元奏明捐银 4000 余两，后又续捐 1000 两，俱交历城等九州县当商生息，岁解济东道库银 1550 两。嘉庆九年（1804），巡抚铁保又公捐银 6000 两，发盐商生息，岁共息银 2400 两有奇。道光八年（1828），巡抚琦善又奏明历年积羡 3200 两，仍交当商生息，并前共有银 16200 两，岁收息银 2800 余两。①仅以道光时的本息比看，已高达近 18%，显见是一种难以持久的高利息。

美国汉学家魏斐德在比较 19 世纪广州官府设立的公行（十三行）与同时期欧洲的商业公司异同时指出，二者很相似，都具有垄断权，最初都是为了满足国库的需要。但二者主要有三点不同，其中首要一点是欧洲的商业"包括一个完整的财政三角——王室、公司和国家银行。中国的制度则只有国家与公行两种成分，没有银行的贷款。所以，广州的商业是不稳定的"。②魏氏的分析对象仅为广州公行，但传统中国社会没有银行这一货币存贷机构，缺乏一种有效的经济风险控制与缓冲中介组织，对商业的发展是不利的。由于没有国家银行这一中介，包括书院在内的各种公共组织经费的投向极其有限，典当行业是主要的资金流入地，按照上述山西各书院发商生息的利息，当铺自身资金收益达到年息 20% 左右方能获利，否则将出现赔损情

---

① 王兰荫. 山东书院志初稿 [M] // 赵所生, 薛正兴. 中国历代书院志：一册. 南京：江苏教育出版社, 1995: 324.
② 魏斐德. 大门口的陌生人：1839—1861年间华南的社会动乱 [M]. 王小荷, 译. 北京：新星出版社, 2014: 49.

况而难以为继。19 世纪末期，随着列强侵华的不断加剧，西方商业银行逐渐进入中国，据德国德华银行 1897 年业务年度报告披露，"1897 年上海各银行的平均活期放款利息为年息 7.125%。1896 年平均活期放款利息为年息 6.875%"。[①]银行利润的主要来源为存贷利息差，由此可知 1896、1897 年上海各银行的存款年息不会高于 6.875% 和 7.125%。反观书院存于本地当商的银钱年息多为 12% 以上，是商业银行存款利息的 1 倍以上，由此观之，当商哪里有如此之高的利润来支撑高额的存款利息支出？书院发商生息的利息显然偏离了正常的商业活动标准，难以持续在所难免。若进一步观察，我们发现将货币资金交由（典）当商发商生息的，多为官办书院，系由地方官员控制或操纵的书院，如江西武宁正谊书院、广信府信江书院，等等，或许只有官员的权力才能制造出明显偏离市场的扭曲的高利息，但这也正是隐患所在，当商不堪重负而歇业，或经营不当亏空，或因人走政息，不一而足，书院存商生息之银本息难以收回的，就史不绝书了。如武宁正谊书院，道光十七年（1837），南昌知府张寅、武宁县知县林懋勋及监生舒昇等官绅捐输正谊书院，共钱 1800 千文，于十二月二十四日一并发交城市通裕典具领，按周年 1 分 2 厘生息，按季取利支用，不准提本。但自咸丰四年（1854），因兵燹之乱，典商停典，书院存商生息银险遭乌有：

> 按书院旧存银钱前宪交通裕典钱一千八百串，又育婴堂归并书院，发交通裕典银七百零五两二钱四分八厘，每月一分二厘生息，支应师生膏火，载入志乘，以垂久远。自咸丰四年后，兵燹频仍，仍通裕停典，该数悬搁十余年，未能应用。咸丰八年杜君宾谷等向典问讨，殊典以曾

---

① 德华银行年度报告（1897—1902）[M]//中国社会科学院近代史研究所《近代史资料》编辑部. 近代史资料: 总第137号. 北京: 中国社会科学出版社, 2018: 89.

捐军需，执有官票绅券藉口抵骗，互控有案。咸丰十一年，兵燹重遭，仍然悬搁。同治六年经董君道生商同执事复向取讨，典仍藉词抵骗，以致控县、控府、控司，拖累经年。[①]

直到同治七年（1868）书院董事赴省控告，在江西巡抚的干预下，将通裕典城内上坊典基铺屋及北门外田租抵完书院银钱二款，"其应找书院之处，念该典家地居邻县，路途迂远，免其追捕。以产抵还虽数不满足，较节年悬搁为愈"。若不是江西最高行政长官的干预，若书院不是官为经理，正谊书院交由典商生息的本金及历年积欠息银早打水漂了。发商生息最后本息全无的并非仅发生在武宁正谊书院，再如清代江西广信府信江书院，是由知府直接控制的官办书院，其发典商生息银两在嘉庆时期也曾引发讼案。乾隆四十六年（1781）三月，贵溪县（今江西贵溪）监生江黄裳因子江弥在信江书院肄业，乐捐银200两充书院膏火，交由本县典商陈太和领取，年息2分。嗣后陆续有各绅捐助信江书院膏火银600两，连同江氏所捐共800两，由县饬发典商陈太和、赵日新各领400两生息。由于年息2分过重，难以持久，遂议定自乾隆四十六年（1781）始，年息降至1分6厘，分春秋两季收缴。但至乾隆六十年（1795），典商赵日新因经营困难，家计日窘，终至停业。该商在停业前拟将书院出典本银400两归还县衙，孰料县令不予收缴，仍令领回。典商无法，自乾隆六十年（1795）至嘉庆十四年（1809），变卖家产，累计赔缴息银960两。到了嘉庆十五、十六两年（1810、1811），据称实因贫难，无产可变，虽经官为催缴多次，息银共128两仍无法缴纳。在此情况下，书院勉力收回了本银400两，128两的两年息银则付之东流。此案蹊跷之处在于典商赵日新于乾隆六十年（1795）业已停业，

---

① 何庆朝. 同治武宁县志：卷十七 [O]. 国家图书馆藏本.

且已要求解银归官，为何仍在长达 14 年的时间内每年足数缴纳息银，委实难以理解，显见赵某并非禀词中所言生计贫苦、家业罄尽，其目的无非是捏词狯脱应交书院的息银而已，对书院而言这不能说不是一个意外的损失。①

在兵祸连结的战乱时期，典商等商人无法经营，且资产轻便极易成为抢夺、破坏和勒索的对象，这对书院存典生息以维持运营而言也是重大打击。如太平天国运动时期，江南一带成为主要战场，生灵涂炭，损失惨重，书院发商生息而受损失的情况也颇为多见：

江西金溪（今江西金溪）仰山书院，嘉庆二十一年（1816）知县万国荣会同儒学率邑中善士李庭藻等撤旧更新，其费出邑人公捐，除修书院外，多余款项存钱文、置田产购店屋，岁收租息以赡束脩膏火之用。据道光元年（1821）申详立案，共存典生息十足制钱 5578 千零 92 文，每年包闰年息 8 厘毫，全年可收典息十足制钱 468 千 560 文。但这笔经费于咸丰六年（1856）经乱荡尽，后书院又遭焚毁。直至同治八年（1869），在地方善士的捐输下，书院才稍复元气。②

铅山鹅湖书院，"道光二十七年，邑绅禀请知县李莼募捐扩充，旋出示谕邑内富商殷实踊跃捐得银一万余两，除去修理经费三千余两，仍余库平洋银七千五百两存放罗裕大、黄丰源、俞裕太、黄鼎源等典，长年一分行息，三节送局，每年可得库平银七百五十两以作生童膏火、月课奖赏，并酌增生童正副课额数。膏火银两计正课生员三十名，每名膏火洋银十两；副课生员二十名，每名膏火洋银五两；正课童生二十名，每名膏火洋银八两，副课童生二十名，每名膏火洋银四两。遴选局绅输班经理，其银收付俱由公局，官不与闻。惟所有旧日书院田租、山租仍归官收，钱漕亦归官完。四贤春秋二

① 王赓言. （清同治）信江书院志 [M]. 合肥：黄山书社，2010: 24.
② 程芳, 郑浴脩. 同治金溪县志：卷十二 [O]. 国家图书馆藏本.

祀祭银、山长束脩银、官课生童奖赏银俱由官办。后于公余之暇，清勘旧有书田亩数、山场疆界以杜隐匿之弊。惜清勘未及十分之一，咸丰三年遂告养归，五年发逆窜扰，弋阳城破，裕大典铺劫掠一空，书院存银一千五百两悉归子虚。兵后仅取讨得裕大田租四十六担。是年冬各典惩弋阳前事，与书院绅董商议将库平洋银六千两送回，次第置买田租一千二百零一担八斗七升五合，外折田租每年收洋银十二两，山租每年收足钱八千四百文，另立鹅湖书院户名，于四都册内"。①

吉安白鹭洲书院，道光三年（1823）增修书院器具余款5000两，由知府交郡城各典生息，月息9厘，每年收息银540两，遇闰加银45两，作为书院久远膏火之费，但咸丰六年（1856），太平军攻陷吉安府城，"各典存资化为灰烬"。②

义宁州濂山书院于道光十九年（1839）获知州和州同捐廉共720吊文，由日新、新盛二典分领，按月1分生息。道光二十三年（1843）经知州周玉衡查实，典息未缴，由子为母，增典息钱7吊288文。孰料咸丰五年（1855）太平军攻陷州城，典息悬宕，遂将日新典铺屋归于书院用于抵款；另一典铺新盛所领之款及其利息也无法归还，遂于咸丰八年（1858）由典商之子将庄田一处抵还。③

---

① 张廷珩, 华祝三. 同治铅山县志: 卷九[O]. 国家图书馆藏本.

② 刘绎. 白鹭洲书院志[M]//赵所生, 薛正兴. 中国历代书院志: 二册. 南京: 江苏教育出版社, 1995: 610.

③ 王维新, 涂家杰. 同治义宁州志[M]//中国地方志集成·江西府县志辑⑮. 南京: 江苏古籍出版社, 2013: 190.

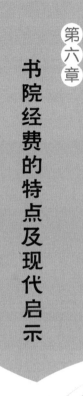

第六章

书院经费的特点及现代启示

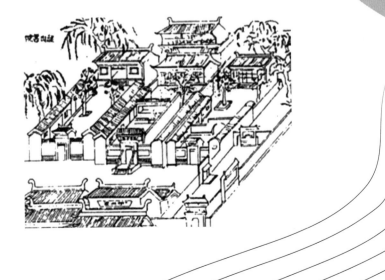

经费在书院发展中有着决定性的作用，它制约着书院的正常运转，影响着书院功能的发挥，是书院生命周期循环往复的内在因素。也正是如此，书院的经营者们对经费问题都给予了高度的重视。与官学相比，书院是"前规后随，皆务兴起"，总体上没有纳入官学体系，因此在经费的筹措与管理上，具有相对的灵活性。在书院发展的千年历程中，基于这一民间性的特点，我国古代书院的经费筹措逐渐形成了以民间捐输为主，兼有朝廷赐予、地方官府拨置以及自我运营的多种来源。书院经费主要用于服务书院，以山长、生徒的经费为主，因此书院经费具有强烈的伦理性；同时书院经费围绕着祭祀、藏书、岁修及书院的自我造血而支出。古代书院经费逐渐发展出稳定的运营模式，以学田租佃收入为书院主要收入来源的方式与传统农耕社会具有高度的适切性。随着经济社会的发展，以学田租佃为主的模式逐渐扩展至学田、生息、店租等混合经营，这从一个侧面证明了书院的发展与时代和社会的发展基本同步。在运营过程中，对书院经费的管理形成了较稳定的模式，普遍制定了规范的管理制度，但是经费制度管理的实际效果并不尽如人意。书院经费存在着被侵占、管理不善以及无法避免的意外损失等方面的问题，这些问题长期以来困扰着书院的发展，并日复一日地侵蚀着书院的发展根基，最终和其他因素一起，成为书院退出历史舞台的内在原因。

　　通过对经费来源、支出、管理等方面所存在问题的梳理与分析，我们总结出古代书院经费的若干特点，这些对今天的高等教育尤其是民办高等教育具有较强的现实借鉴意义。

# 第一节　我国古代书院经费的特点

## 一、来源的多元性

　　书院经费来源呈现出多元性的特点，虽然总体上因为书院性质的规定性而以民间捐输为主，但来自官方的力量从未缺席，无论是皇帝的赐予还是官府的拨置，都是书院经费的重要来源。除此之外，还应注意到，书院通过多种方式筹措到经费后，其自我经营也表现出多样性的特点，如虽以学田为主，但也有发商生息、店租、刻书等，甚至个别地方还有典当的功能。即或以学田为主，作为广义的学田，还包括除田之外的地、塘、湖、林、庄屋，等等。这表明书院的产业经营已经渗透到地方经济社会的各个方面。在追求整体史的学术自觉中，书院经费成为书院参与地方史、区域社会史、整体史研究的重要工具。

　　另外，书院经费来源渠道可以成为我们判断书院性质的窗口，对于会城书院、道府一级的区域中心书院而言，其经费主要来自官府，书院的性质也为官方经营的模式；而州县层次的中心书院以及乡里书院，其经费则主要来自民间捐赠，此类书院性质则为官民共营或民间经营。正是在不捐细流、不弃微尘的过程中，以多样性的来源保证了书院经费的恒常稳定，使书院得以

千年绵延，弦歌不辍。

## 二、构成的多样性

学田是农耕社会中书院的主要资产，地租是书院经费的主要组成部分，自唐代兴起直至清末革废，学田以及地租都是书院经费构成中的主流，这一点千年未有重大变化。但是明清时期，在一些土地有限而商业活动较为发达的区域，书院除地租收入外，还有将银钱交商生息、购置店铺出租等经营活动，从而改变了经费为传统、单一的地租的局面，而形成地租、息钱、租金等混合的经费来源构成。这一改变，一是使书院资产运营的效率得到提高，息钱、店租等有获得比地租更高回报的可能；二是使书院经费由单一的实物收入变为由实物与货币共同构成，便于书院进行各种支出；三是有利于改变书院资产只有土地的单一局面，从而将鸡蛋放在几个篮子里，相对规避了经营风险；四是因土地的分散而极不容易管理，耗时费力，经常容易受到各种势力的侵蚀，地租收入存在风险，而发商生息及店租则相对容易与方便得多，便于书院经营者就近控制、就近使用。

## 三、地域的差异性

书院经费不但表现出时代的差异性，更表现出鲜明的地域差异性。在同一历史时期，不同区域书院的经费构成有诸多不同，如明清时期的徽州，与同时期的江西、湖南、湖北等绝大多数地方不同，其经费主要是发商生息与店铺租金，"徽州书院经费的经营不是购置田地，而是几乎完全进行商业化的操作，其中自然与该地区山多田少、土地瘠埆，无稳定的收入保证，再加山区地块极小，不易管理等因素有关，但最主要的原因则是受到了明清徽州发达的商业经济的影响，这是徽州书院在经费经营上有别于其他地区书院的一个重要特点"。①在以地租为主的地方，如清代位于鄱阳湖平原的江西南昌府，其所辖的各州县书院的情况也不尽相同，如南昌县东湖书院，其经费主要是地租与店租，而义宁州书院群则因为地处山区，山多田少，部分书院的主要资产是山林而不是水田。经费构成的差异性是我国古代书院发展差异性的重要内容，是表征地域书院独特个性的指标之一。

## 四、经费的不平衡性

经费的不平衡性主要表现在两个方面，一是同一时期的不同书院，其经费规模大小相差悬殊。以光绪时期（1875—1908）山东省为例，昌乐县营陵书院，光绪二十四年（1898），除县拨柜规银 400 两外，另有捐项京钱 14000 串发商生息，其中 1 万串的息钱为生童膏火，2000 串息钱为宾兴经费，2000 串为岁修等费，全年经费有银 400 两，息钱 2000 余串（未知其年息、月息多寡，以较常见的 1 分 5 厘年息算，统共一年息钱有 2100 串）。利津县的东津书院，光绪年间（1875—1908），地租收入约 380 千文，另有铁锅规银和布商捐输费，"岁收若干，尚无定数"；光绪七年（1881）因锅规浸止不行，运司拨银 600 两，发商生息以益公费（亦未知其年息、月息多寡，以较常见的 1 分 5 厘年息算，统共一年息钱有 90 两），本年统共收银子 90 两，制钱 380 千文。栖霞县霞山书院，光绪年间，有生息制钱、房租制钱、地租制钱等，按 1 分生息，通计各种收入全年共 135 串有奇。②在山东一省范围内，同为县级书院，昌乐营陵书院的经费是东津书院、霞山书

---

① 李琳琦. 徽州教育 [M]. 合肥：安徽人民出版社，2005：224.
② 邓洪波. 中国书院学规集成：第二卷 [M]. 上海：中西书局，2011：789，794，795.

院的 10 倍以上，其间悬殊之大，令人深思。

二是书院内部支出与使用存在不平衡性。书院经费主要侧重用于人员经费，而人员经费又以山长束脩与生徒膏火奖赏为主。刘伯骥先生在《广东书院制度》将清代广东 29 所书院的经费开支列表，从表中可明显看出书院经费主要用于山长束脩与生徒膏火的总体趋势，如清嘉庆三年（1798）定安尚友书院，全年总支出银 46 两，钱 267500 文，其中掌教脩金 46 两，生徒膏火 19000 文；再如嘉庆二十四年（1819），肇庆端溪书院全年总支额为银 3004.5 两，其中掌教薪脩为 794 两，膏火为 1468 两，奖赏为 460 两，掌教与生徒经费占比约 91%，行政经费等所占比例极小。①书院内部经费支出与使用的不平衡其目的在于保证主要的服务对象，用以维护书院山长和生徒开支，发挥书院经费"教养相资"的职能，无一例外，这是书院经费支出的主体，这一点在书院历史上从未发生过偏离，值得充分肯定。

## 五、强烈的伦理性

"夫士之籍田以养，道之籍士以兴，其义一也"。②田养士，士兴道，田成为道的基础，田与道之间有着紧密联系，书院经费因此具有强烈的伦理性或教育性。在传统书院文化的话语中，经费从来都不仅仅指银钱，而是赋予银钱以教育意义，无论是在捐输还是在使用与管理过程中，经费都有着超越货币、赀费的价值，而与善行、善政及道德修养、师法圣贤有关。经费作为贯穿书院日常全过程的重要因素，乐捐、束脩、节敬、膏火、奖赏、宾兴等

① 陈谷嘉，邓洪波.中国书院制度研究 [M].杭州：浙江教育出版社，1997: 407–409.
② 娄性.白鹿洞学田记 [M] // 李才栋，熊庆年.白鹿洞书院碑记集.南昌：江西教育出版社，1995: 63.

与祭祀、讲学、读书、考课等共同构成了完整的书院教育活动，甚至一直延伸到书院士子仕宦之后对书院馈以回报。如明嘉靖二十一年（1542），吉安知府何其高兴复白鹭洲书院，拨罚没充公之费为书院购置田产，并命之为"学田"。时人在解读太守称书院田为"学田"时，称其中寓有深意，"公之以学名田也，欲使士食焉而思其学也，学至乎道焉尔矣。是故士之道也，犹农夫之于田也。农夫欲治其田，则不可废耕稼之务；士欲求志其道，而可忘学乎哉"。书院的院田虽主要供给师生束脩、膏火等，但其意义当不止于此。士人志于道，犹如农夫耕作于田。以明道为业，犹农夫耕稼，早作夜息，一日不可废学。因此，士人食于饩田，应该明晓其之所以为学之道，"士饩乎田不由是说以进于道，殆食焉不思其学者也。然则公之创是田也，岂以待夫士之食焉而不思其学者乎"。①在这里明确提醒士子肄业于书院，有出于学田之膏火津贴，当知其为学者，当思学者志于道的意义、价值与路径。因此，书院田产冠名于学田，学田之于学者当不止于货利、经费而已。学田的租额，生徒的膏火、奖赏、花红、资斧，等等，都具有神圣的道德意义，是构成学者之所以为学者的有机组成部分，与圣人的遗训、经传、史籍等一样有着重要的伦理光环，是书院建设中实践理性的表现之一。再如明嘉靖三十三年（1554），江西提学副使郑廷鹄为巡抚御史萧端蒙取银置田撰记，其中关于学田伦理性的论述极有代表性，"昔人有言，养士之术不在乎丰，在乎不费焉尔。不费之道不在乎大，在乎不穷焉尔。今之书院既为之择师而聚学矣，而又益田以需之计亩，而入学徒不必濡手也。谓非惠而不费者乎？假之岁月，而岁有所蓄，月有所给，可以优游涵泳而无裹粮告乏辞而去之者矣。谓非养而不穷者乎？以人道率人，而惠之不费，养之不穷，则善者有所藉赖，而益

---

① 刘绎. 白鹭洲书院志［M］//赵所生, 薛正兴. 中国历代书院志: 二册. 南京: 江苏教育出版社, 1995: 645–646.

弘其业，不善者有所兴起，而益劝于善，善人不亦多乎！善人国之纪也，善人多则天下治矣"。①在郑廷鹄看来，学田与善人之间天然有着直接联系。

在重视书院学田等经费教养价值的同时，书院经营者还注意到肄业生徒汲汲于功名利禄的错误倾向，有意通过阐述经费的意义来对这一不良现象进行纠偏，从而端正士子求学的远大志向。明万历年间，江西提学冯景隆对肄业于白鹿洞书院的士子贪图微末之膏火、不思进取的现象提出严肃批评，认为这一倾向十分可耻，"白鹿洞乃先贤讲学之地，其进修规则，皆入圣阶梯。今设立文庙，诚重之也，非他书院比。此惟身履德义、入斯洞而无愧于圣贤之徒者，方可与焉。彼以考案居优取入者，已非养贤初意矣。近因该府置田足赡来学，而远近诸生不自揣学行何如，惟利其饔飧之资，漫焉求进，漫焉收之，将视斯洞为济贫之所，甚可耻也"。②无独有偶，认为志在膏火为可耻的不仅有冯景隆，道光年间，两江总督陶澍（1779—1839）为江阴暨阳书院增置沙田以充膏火撰记时，亦认为唯膏火是骛者甚为可耻，"书院之设，所以佐学校、广教泽也。……夫膏火不继，无以示奖励，未能养而言教，司牧者之责也。若奖励之资已裕，而学之不进，行之不修，贸然惟膏火是骛，则亦诸生之耻也"。③书院经费养士的终极目标在于使士志于道德而师法圣贤，若士热衷于科名利禄，则养之不谓养，士亦非士。清嘉庆时期，江西广信知府王赓言在为《鹅湖书田志》撰序时，清醒地指出学田的教育性及其意义，"夫书田之设，所以养士也。今之士犹古之士，今之学其犹古之学乎？猎取科名，溺情利禄，其志于学问道德者百不得一二焉，然则养士者其果徒为士之科名利禄计乎？……今四先生之祠具在，学者奉其遗书以朝夕雒诵其

① 郑廷鹄. 新置都昌洞田记 [M] // 李才栋, 熊庆年. 白鹿洞书院碑记集. 南昌: 江西教育出版社, 1995: 92.
② 邓洪波. 中国书院学规集成: 第二卷 [M]. 上海: 中西书局, 2011: 662.
③ 陈谷嘉, 邓洪波. 中国书院史资料: 中册 [M]. 杭州: 浙江教育出版社, 1998: 1785.

中，思其所以异，得其所以同，身体力行，无负四先生之明训，夫而后书院之兴有以教，书田之设不徒养也。若迤玩惕荒惰，卤莽灭裂，利其廪食，乐其驰骛，为之师者不以教，为之弟者不以学，是窳士也。朝廷亦何取乎斯士而养之也哉？故书之简端，以为多士勖焉"。①

对士子不能正确对待膏火等书院经费的现象，书院管理者既从经费的道德理性加以说教，也从制度规章中对少数生徒存在希图哺啜的现象予以限制，如河北遵化燕山书院于光绪年间规定，"常年膏火原为培养攻苦之士，生童自应按课呈文，以期进益。近有考取甄别，常年住斋，并不考课，实属希图哺啜，贻笑素餐。以后内课生童，官课点名不到或斋课连次不交卷者，立即扣火除名，另由外课选补，不准开复"。②这一规定与坚持经费伦理性互为表里，一脉相承。

# 第二节 古代书院经费的现代启示

晚清时期，书院最终因无法适应时代的发展而成为历史，教养相资这一传承了千年的文化传统随着书院一并退出了历史舞台。但不可否认的是，教养相资的传统不但在古代书院教育中具有重要价值，同时书院经费的筹措、管理等在今天仍有重要的现实意义，它对于今天的学校教育尤其是民办教育具有启发作用。

---

① 吴嵩梁. 鹅湖书田志[M]//赵所生, 薛正兴. 中国历代书院志: 第十一册. 南京: 江苏教育出版社, 1995: 25.
② 邓洪波. 中国书院学规集成: 第一卷[M]. 上海: 中西书局, 2011: 56.

## 一、高度重视经费的作用

历史上，如果重视书院经费的作用，注重经费的筹措、强调经费的持续稳定来源，有意识地规划经费的支出与使用，并在此基础上出台具有约束力的管理制度，再加上富有责任心的管理者的经营，一般而言，书院就能得到较好的发展；反之，如果没有经费，或即使是筹措到建设经费却没有维护正常运转所需要的日常费用，诸如热衷于建设美轮美奂的建筑物而忽视延师聚徒，诸如无学田来源而"开课太速"，等等，则书院难逃时兴时废的厄运。从本书前面各章所述可知，经费的重要性对于书院而言是其存在的基础，"无田即无院也"。

从书院经费的历史看，今天的学校教育，尤其是与书院一样，经费主要来自民间筹措的民办教育，应将经费问题放到办学的重中之重地位。在经费的管理中，除建设费用外，更应立足长远，提前规划，保证学校拥有持续运营的日常经费来源，在经费的支出与使用中确保资金链安全，避免学校建成后续无力，办学难以持久，或资金链断裂，学校难以为继的局面。

## 二、构建多渠道的经费来源

书院的经费有多渠道的来源，即使是纯民间管理的书院，有的仍积极争取官方的支持。由政府经费、民间捐助经费、自我运营经费（自我产出经费）等三部分组成书院经费来源的三个主要渠道，多渠道的经费来源对于包括书院在内的教育机构而言有着重要价值，它能最大限度地避免因单一来源出现问题而使书院运营出现中断的风险。

与书院相比，我们注意到当前民办教育的经费存在着来源单一的问题，对此应引起足够重视。我们试以民办高校为例，通过对相关学院的研究，我们注意到民间捐助经费在民办高校中所占比重较小，政府经费相当有限，主要收入是学费，收入来源的单一性使民办高校的抗风险能力大大降低。据2019年在香港联合交易所上市的辰林教育披露，民办江西应用科技学院（位于江西南昌）2016、2017、2018年三年学费和住宿费收入分别占比87.6%、86.4%、80.5%，而2018、2019年各截止到该年度5月31日的学费和住宿费在学校全部收入中占比分别为89.5%和87.4%；[①]另据立德教育（香港上市公司）披露，民办高校黑龙江工商学院2017、2018、2019年8月31日止，立德教育收取的学费分别占公司总收入的约92.1%、92.1%及92.5%，住宿费收入占比分别为7.9%、7.9%及7.5%，学校的全部收入来自学费和住宿费；[②]再如上海建桥教育"截至2016年、2017年及2018年12月31日止年度，来自政府补助的其他收入及收益分别为人民币0.7百万元、人民币10.9百万元及人民币15.1百万元，其于收取后确认。截至2018年6月30日及2019年6月30日止六个月，于收取后确认来自政府补助的其他收入及收益分别为人民币3.4百万元及人民币1.5百万元"[③]，相比学费和住宿费收入，其来自政府的收入微乎其微。而辰林教育、立德教育则完全没有这部分经费来源，来自社会捐赠也几乎为零。

我们或许会说，今天的民办教育与传统书院有着天壤之别，书院可称为义学，而民办教育则是市场经济条件下的收费教育，二者不可同日而语，同

① 辰林教育集团控股有限公司招股说明书［EB/OL］.（2019–11–27）［2020–12–9］. http://www.doc88.com/p–9912912815057.html.

② 立德教育有限公司2020招股说明书［EB/OL］.（2020–07–28）［2020–12–9］. http:// www.doc88.com/p–50799033610409.html.

③ 上海建桥教育集团有限公司招股说明书［EB/OL］.（2020–01–01）［2020–12–9］. http://www.doc88.com/p–7874753598838.html.

时这种比较没有历史与现实基础。我们之所以提出这个问题，其目的主要在于提醒民办教育的经营者，从传统书院经费筹措的经验中认识到经费来源多样性的意义，从而有意识地建立校友基金、社会基金等平台，为民间资金襄助学校的发展提供通道。同时，也使其充分认识到经费来源单一性可能面临的风险与困难。

## 三、有效的经费运行制度

总体来看，古代书院的经费运行既有成功的一面，也有不足的地方，其最大的不足在于制度虽严，但在现实面前变得十分脆弱，难以真正落实，从而成为画饼。我们在翻阅书院章程时，每每感叹书院经营者殚心竭力，章程不可谓不严密，制度不可谓不周详，但书院的经营大多面临着此起彼伏、时兴时废的命运。究其原因，主要在于制度没有得到认真落实。

对于民办教育的管理者而言，从书院经费运营中所应吸取的最大教训是对制度执行、落实的反思。书院经费制度、章程难以落实的原因多种多样，从捐输不实到管理不善，难以落实的隐患自书院筹建时即已存在，成为书院发展中随时会爆炸的重大隐患。为此，民办教育经费的有效运行除应符合现代企业、现代学校制度要求的相关规定外，还应厘清学校的资产，明晰学校经费的有效使用对象与范围，突出经费服务的重点，提升经费管理人员的专业素养，加强经费运营的全过程监控与督查，通过专业评估并反馈经费使用效率，形成经费收支闭环，使学校经费的运行制度得到真正的落实。

## 四、端正经费的教育意义

书院教养兼资理想的实现有赖于经费，书院经费超越了物理形态的谷物和银钱，而具有重要的道德教化意义，这也是理解民间持续捐助书院的角度之一。在这一过程中，土地、银钱等书院经费具有崇高的甚至是居高临下的道德意义，经费不仅具有工具理性，更是价值理性的产物。

在传统书院文化中，经费是服务于教育的，追求教先于养、养服务于教，最后形成了教养一体的模式。今天的民办教育从书院经费中可以师法其道德意义，无论是收取学费，还是相应的建设、设备购置、人员经费等都首先明确经费的最终目标乃是为培养人服务，为经济社会发展服务。尤其是在用于学生的奖、助学金及各种扶助性质的津贴、补贴发放中，更应彰显经费在教书育人中的意义，使受助者通过经费的受助而进一步端正学习动机，明确学习目的，立志成为有益于社会的合格公民。如此，则如书院经费一样，今天学校教育的经费也具有超越单纯的金钱价值而成为一种具有广泛道德意义的教育元素。


书院，这一历史上曾经发挥过重要作用的文化教育组织，最终成为记忆，认真梳理它的痕迹，既欣赏它曾经的辉煌，也品咂它曾经的苦涩，这混合着甘甜与酸苦的历史，对于发展着的今天而言，有着重要的意义和价值。它不曾远去的存在与留存的记忆，毫无疑问将成为我们继续前行的重要坐标，值得我们不时回头凝望。书院如此，教养相资的书院经费更是如此。

# 后　记

　　书院经费是书院存在与发展的基础，经费的多寡、经费的使用、经费的管理，等等，都成为影响书院发展的重要因素。也正是如此，作为经费主要表现形式的学田是我国古代书院四大基本规制之一，贯穿书院历史的始终。

　　在耕读文明的传统社会，士子多寒畯，有恒心而无恒产。为解决读书人求学时的生活难题，书院在教育实践中形成了教养相资的优良传统，书院筹措的经费主要用于山长的束脩，肄业生徒的膏火、奖赏、宾兴等方面，既解决士子的求学问题，也使其无后顾之忧。因之，学田、银钱、租谷、息银、店租，等等，这些本是读书人世界中的阿堵物被赋予了崇高的道德意义。围绕着教与养的关系，有关书院经费的筹措、使用、管理等形成了总体较为稳定的运行模式，书院经费是构成我国古代书院历史整体的重要组成部分，是观察我国古代书院文化的一个重要剖面，对今天的高等教育尤其是民办高等教育不无借鉴意义。

　　在这本小书里，我们试着对书院经费的意义和经费的来源、类型、使用、管理以及存在的问题作初步梳理，希望能厘清关涉书院经费的内外诸相关因素，使读者能从经费的角度透视书院的基本运行、书院与地方社会、书院中的各方，如朝廷、各级官府、官员、胥吏、士绅、庶众等在书院发展中扮演的角色与产生的影响。如此，经费就不仅是田租、银钱，而是重要的研究与观察的工具。但我们也深知由于学力不逮、水平有限，书中肯定还存在着许多不足，还请读者诸君识之、谅之、教正之。

蒙丛书总主编湖南大学岳麓书院邓洪波先生不弃，拙稿有幸入选《中国书院文化建设丛书》；由于俗务匆惶，稿件数次延宕，感谢海天出版社孙艳老师、何旭升老师的宽容与鼓励，才有本书的问世。2020年注定是一个特殊的年份，我愿意用这本小书来纪念这令无数人难忘的一年。

张劲松

2020 年 12 月 9 日晚于文心楼